十大华人科学家丛书

孟宪明　主编

钱学森传

童苏平　邢娓娓　编著

河南文艺出版社

·郑州·

目　录

一

在父亲的书房里,闻着那淡淡的书香,小小的钱学森似有一种久违的感觉,他感受到了一种从未有过的安宁和舒适,只要一走进那个神秘的书房,他好动的心就会很快安静下来。

二

钱学森完全沉浸在了自己的幻想王国里,他觉得那神秘的天空里包含着那么多美丽的传说，那是一个充满诱惑的世界，一个美妙的地方。

三

他长大了，他的心灵，也因为知识的丰富而丰满起来。他向往那种在旋律与和声中进行的精神交流，那是一个美丽和谐的世界，那琴弦和心弦一起歌唱的愉快，使他更加深刻地体会着生命的快乐！

四

就这样，他像一只勤劳的小鸟，为自己的小巢衔来一根一根稻草,在最需要的时候,他要用这些稻草来建造自己温暖的小窝。

五

码头远了,挥手告别的父母亲远了,仍沉睡在雾霭中的上海滩远了,这块养育他长大成人的故土远了……

钱学森站在甲板上,看着已经变得模糊的祖国,心潮澎湃,感慨万千。他在心里默默地说:妈妈,儿子还会回来的!

六

"钱学森对我们来说太重要了,无论如何不能让他走,他知道得也太多了,他无论走到哪里,都抵得上五个师!"

"我宁可把这家伙毙了,也决不让他离开美国。"

七

祖国,就让您的儿子用他的余生为您工作吧,尽管这种工作也许会不成功,但大厦总需要第一块基石吧!

八

一个年近60岁的老人,被一帮年轻的小伙子推来操去,血从他鼻腔中流出,从嘴角滴下。钱学森在人缝中仿佛看到了黑夜的无情,寒冬的严酷……

九

他像一棵适逢新春的老树,开始发芽抽枝,他要把他的枝丫伸向祖国的任何地方,他要看到祖国春色满园的时刻。

一

在父亲的书房里,闻着那淡淡的书香,小小的钱学森似有一种久违的感觉,他感受到了一种从未有过的安宁和舒适,只要一走进那个神秘的书房,他好动的心就会很快安静下来。

1. 普通的孩子

1911 年 12 月 11 日,在中国上海,一个婴儿来到了世上。父亲给自己的第一个孩子取名钱学森。就是这个孩子,在他长大成人之后,成了世界著名的火箭专家。

这是一个很普通的孩子,名字看起来也很平常:中国人一般都把自己未实现的愿望寄希望在孩子身上,钱学森的父亲也不例外,他希望他的儿子能够穿越知识之林,做一个知识的富有者。

钱学森的父亲钱均夫,是一个旧中国的知识分子,当时在一个旧书院当教书先生。他为人正直，处世严谨，在书院里是出了名的严厉老师。但在儿子面前这个一贯绷着脸的教书先生，却少了几分严肃，多了几分关爱。他太爱他的儿子了。钱学森刚出生不久，他就整晚地坐在床边轻轻地为他的儿子朗读诗歌，看着儿子可爱的小脸，这个有着深厚文学功底的教书先生，经常是声情并茂，如醉如痴，那些大师的作品在他嘴里，仿佛变成了一首首悦耳动听的小夜曲。

"你看，小家伙儿在听呢。"

父亲自豪地对母亲说。

是的，小学森此时好像真的被父亲的朗诵迷住了，他睁着两只晶亮晶亮的黑眼睛，长长的睫毛一眨一眨地正好奇地看着父亲，小嘴巴微微开启着，似乎也想像父亲一样，朗诵一首诗呢。

母亲此时便会坐在旁边的椅子上，腿上放着针线活儿，边做活儿边微笑地看着他们父子俩。

"如果他能听懂就好了，他可是只有几个月大啊。"母亲轻轻地说。

这个旧中国的传统女子说话总是轻轻的，像她的人一样，如天空一抹淡淡的云，纯洁而崇高。

这个中产阶级家庭，就是在这种安静祥和的气氛中度过他们的每一个夜晚的。钱均夫丢掉白天烦琐的事务，全身心地投入这种温馨幸福之中，感受着来自生命的讯息，他们太珍惜这难得的安宁了,因为,战火已经燃起……

2. 生不逢时

上海是当时中国的第一大城市,在那个年代,这个美丽的城市,却总有受伤的士兵和骇人的枪炮。

原来,在钱学森出生前不久,中国境内发生了一场很大的政治变动,孙中山先生领导的辛亥革命正进行得如火如荼,经常有排列整齐的士兵在大街上走来走去,口号喊得震天响,肩上的刺刀亮得扎人的眼睛。

那时候,钱学森一家住在一幢古朴的教堂式楼房里,那是爷爷留给父亲的唯一财产。钱学森经常被妈妈抱着在阳台上晒太阳,暖暖的阳光照着他的小脸,可爱的小鸟在他头顶盘旋,这一切太让人兴奋了,小小的钱学森挥舞着他的小拳头,欢乐地和小鸟嬉戏,咯咯地笑个不停。但是,妈妈并没有太多的微笑,她总低头看着街道上来回走动的士兵,眉头紧紧地皱着。

妈妈为什么不高兴呢? 钱学森小小的心里似乎感觉到了什么。他瞅着妈妈的愁容,害怕极了。

但是,小学森也发现了另外一个秘密:爸爸在家的时候,妈妈就不难过,而且总是笑吟吟的。因为,爸爸从学校里带回了许多好笑的事讲给妈妈听,每次妈妈都会被逗得前仰后合。而且,爸爸还会跟小学森在一起做游戏呢。全家人做的一个叫作"开火车"的游戏,最让钱学森高兴了。

一家人把椅子摆成一行,钱学森在前面,爸爸妈妈坐在后面。

钱学森当检查员,他神气地先把爸爸妈妈的行李和车票检查一遍,然后跳进"火车"的前门,再当火车司机,"嘟……嘟嘟",一家人乘着火车出发了! 他们在屋子里转啊转啊,全家人笑啊,喊啊,钱学森甭提多高兴了,他觉得:爸爸是世界上最好的人! 没有谁能比得上!

让钱学森对父亲痴迷的原因还有一个,那就是听父亲讲故事! 爸爸肚子里的故事真多啊,那些美丽、离奇的故事仿佛就藏在爸爸的嘴里,只要钱学森想听,爸爸就会把它们讲出来。

钱学森真是太崇拜他的爸爸了,爸爸怎么知道得那么多呢? 他是从什么地方知道的呢?

钱学森想不通,就跑去问妈妈,用他还讲不太清楚的上海话问:"爸爸讲……多多故事……"

妈妈这时候准会放下手里的活儿,爱怜地把小学森抱到膝上,边给他擦头上的汗,边亲吻那红扑扑的小脸:

"我可爱的宝贝哟,你真是我的小精灵!"

爸爸这时候可神气了,他一只手把钱学森从妈妈那儿抱过来,让小学森站在他的腿上,矮矮的小学森刚好和爸爸的上身一般高。

"想知道吗?"爸爸故意逗钱学森。

"想!"可爱的钱学森大睁着双眼,两只小手不住地拍打爸爸的肩膀,"快说,快说嘛。"

"好! 爸爸告诉你,爸爸啊,书房里有一个白胡子老人,他呀,每天都给爸爸讲一个故事,所以呢,爸爸就从他那里,知道了很多好听的故事。现在,爸爸再给你讲一个刚从那儿听来的故事怎么样?"

钱学森听爸爸说又要给他讲故事,高兴极了。他坐在爸爸的腿上,早已做好了听故事的准备。他觉得,听爸爸讲故事,真是世界上最美最美的事儿了。那些美丽的故事经常让他忘记了吃饭,忘记了睡觉。他入迷的模样真是可爱极了。

从刚刚学会说话,钱学森就对爸爸的书房产生了兴趣,那个白胡子老人,那么多好听的故事……他对爸爸的书房充满了神秘而又羡慕的好奇心。

家庭的温暖和快乐冲淡了来自外界的阴影,尽管每天都能听得到枪炮和炸弹的声音,但在这个小小天地里,却一直是那么祥和、静谧,钱学森在这个温暖的小巢里,愉快地成长着。

3. 神秘的书房

钱学森 3 岁的时候，父亲要到北京工作，钱学森也跟着父母一起，去了那个古老而神秘的城市。

从火车上望去，那绿绿的山，清清的水，蓝天白云下美丽的大平原，钱学森被外面的世界吸引住了，他没有想到，除了自己家乡，世界上竟还有如此可爱的景色。

他高兴极了，一路上叽叽喳喳，像只快乐的小鸟，一会儿飞在前，一会儿飞向后，他幼小的心灵哪里知道此时的父母心里是多么难过呀！

由于战乱，上海父亲的书院被迫停课了，父亲没了工作，只好求北京的一个朋友帮忙找了一份事做。这样，一家人不得不千里迢迢搬到了北京。

这也是钱均夫为了儿子而做的一次抉择。他是一位极负责任的父亲，眼见着上海一天天混乱，儿子一天天长大，总不能让儿子在这种不安定的环境中成长吧。父亲觉得，在儿子未成年之前，自己有责任保护他，并给他一个安定幸福的家。

北京，在那个年代虽然也是岌岌可危，但比之上海，要相对安全得多，而且北京有好的学校，这是钱均夫最关心的。

钱学森的新家安在一座幼儿园旁边，这又是父亲的决定，因为钱学森已经到了上幼儿园的年龄了。爱玩的钱学森怕极了那座小院子,可是父亲还是把他送了进去。

调皮的学森怎能忍受和父母分开的日子呢?他恨透了挡在他家和幼儿园之间的那堵墙,尽管那只不过是一堵用钢棍编成的铁栅栏,但是,就这么一堵墙,小学森也不愿让它存在。"我不想上幼儿园!"他总是向父母提出抗议,但这种抗议起不到任何作用,每次钱学森还是照例被送进去,不管他哭得怎样凄惨。

幼儿园里的小朋友真多啊,可是他们总爱哭,一个哭了,其他的小朋友也跟着哭,经常让阿姨们忙得脚都跑肿了,喉咙也喊哑了,但这些孩子仍然不肯闭嘴。

钱学森不喜欢这样,他总是双手捂着小耳朵,瞪着两只黑黑的眼睛,看看这个,望望那个,他真希望父母把他接回去,他讨厌这个乱糟糟的地方。

有一次,阿姨在哄一个大哭的小朋友,钱学森双手扒着铁栅栏,他无聊地在上面蹭啊蹭啊,谁知一用力,他小小的身体竟钻了出去!

啊!太好了!前面就是家门了!钱学森高兴极了,可爱的家门仿佛变成了妈妈温暖的怀抱,门口摆放的鲜花也好像在向他招手呢。

钱学森撒开双腿就往家跑。

逃跑是要付出代价的,阿姨们开始注意这个长着大大脑袋的孩子。为了惩罚他，让他学最难学的儿歌，做最难做的手工，可是，不管学什么，钱学森都不怕，他总是第一个举手，然后非常自豪地用他还带有上海腔的普通话说："阿姨，我做完了！"

幼儿园里的小朋友们多羡慕他呀，因为，做完了功课，就可以去外面做游戏了！

但是，即使是做游戏，钱学森也总是得第一！

调皮的钱学森，自己也觉得很奇怪，那些东西对他来说太容易了，老师刚刚写到黑板上的字，不到一分钟，他就会写了，他几乎成了小朋友们心中的英雄，自然，小朋友们事事都听他的。

在这种被人"崇拜"的环境里，小学森愉快极了。他几乎忘了外面还有打仗的人，还有那些头上包着厚厚的纱布、腿上绑着夹板的士兵。有时候，正在做游戏的孩子们能听到从街上传来的口号声，那声音好吓人啊。

那种充满了愤怒、已经嘶哑了的声音，让小朋友们纷纷冲向大门口，好奇地张望着，大家都在悄悄议论着。

这时候，老师们却异常紧张，她们急急忙忙把孩子们带回教室，慌乱地关上门窗，并警告他们："不许再向外面看！"

老师的严厉使钱学森非常害怕，他不知道那些扛着钢枪，喊着口号，头上缠着白色纱布的叔叔在干什么，在他的大脑袋里，充满了疑问和恐惧。

4. 第一次挨打

北京的新家给钱学森带来了许多令人愉快的事,能被允许进父亲的书房应该是最令他高兴的事情了。在父亲的书房里,闻着那淡淡的书香,小小的钱学森似有一种久违的感觉,他感受到了一种从未有过的安宁和舒适,只要一走进书房,他好动的心就会很快安静下来。

这里使钱学森感觉舒服极了,他经常躲在父亲的书房里,东摸摸,西看看,凡是能拿到的,他都会把它拿到面前,很认真地翻一翻,并学他父亲的样子,双手背后,摇头晃脑地咕噜一番。

有好几次,父亲看到钱学森极专注地看着那些摆放整齐的书,目光中充满了渴望和憧憬。

钱均夫感到了责任的重压,他决定帮助儿子敲开希望之门!

从此,钱家的书房里,便多了一个小不点儿,不管是深夜还是拂晓,父子俩欢快的读书声,都会伴随晨光和晚霞,在空中漫延、扩大。这个普通的院落也因此多了一份温馨。

钱学森太高兴了,在父亲的书房里,他仿佛置身于一座巨大的带有磁力的魔术世界,那些可爱的故事,美丽的传说,让人心惊胆战的历史战争……这所有的一切,都让钱学森这颗小小的心痴迷。

他太羡慕他亲爱的爸爸了，从爸爸那里，他了解了发明地动仪的张衡，发明电灯的爱迪生，还有中国那么多那么多的伟大而优美的诗歌……

但是，由于小学森太痴迷于书的世界，他在幼儿园中所学的数学被他丢得远远的，几乎不感兴趣了，这使父亲非常震怒。

钱学森第一次挨了父亲的打。

这是一次严厉的惩罚！

父亲对钱学森说：不学好功课不许走进他的书房！

这真是天大的打击，小小的钱学森被父亲的话吓坏了，他趴在妈妈怀里哭了一阵又一阵，他没想到一向疼爱他的父亲突然变得如此恐怖。

但是，他也知道，学好那些幼儿园的功课是重新走进书房的入场券！

小小的钱学森怀着对知识的神秘感觉，开始了他一点一滴的积累。

二

钱学森完全沉浸在了自己的幻想王国里，他觉得那神秘的天空里包含着那么多美丽的传说，那是一个充满诱惑的世界，一个美妙的地方。

1."小问号"

春来夏往，寒暑更替，转眼间，钱学森到了入学的年龄。

父母亲经过慎重考虑，决定送钱学森到当时北京非常有名的一所学校——北京女子师范大学附属小学就读，后来，又因为其他缘故，钱学森又被送到了北京师范大学附属小学。

背起小书包的钱学森，在学校里是出了名的，不仅是因为他读书刻苦，还因为他调皮、聪明、活泼可爱。

大家经常在课前看到一个大大额头、眼睛明亮的小男孩在苦思冥想，一会儿翻翻书，一会儿在本子上画一画，然后在课堂上提问一些让老师也费解的问题："风是怎么形成的呀？""树叶为什么会变黄?""小草为什么在石缝里也会生长?""鱼的眼睛为什么总是睁着?"等等。

这些问题经常搞得先生们要费好大的劲,才能解答出他的提问,钱学森也因此得了一个雅号——"小问号"。

尽管钱学森经常给先生们找麻烦,但师大附小的先生们还是喜欢这个爱问为什么的小家伙。一次在上语文课时,女先生正在课堂上讲着,钱学森突然举起手,女先生看见他,示意他可以提问,就听钱学森大声问道:"请问先生,小鸟身上装有机器吗?"

女先生被钱学森的提问搞糊涂了,她吃惊地看着眼前这个眉清目秀,文质彬彬,白白净净,睁着两只晶亮晶亮眼睛的小男孩。

"请问,你为什么提这个问题?"女先生不知该怎样回答这个怪问题。

"小鸟为什么会飞起来?我们为什么不能飞?它的翅膀里一定有一种能飞的机器,就像火车跑得比人快,是因为火车上有一种机器一样。"

全班的人大笑,女先生也笑了,她被面前这个爱问为什么的孩子逗乐了,多么爱动脑子的孩子呀,女先生开始留意这个学生。

下课了,同学们蜂拥而出,钱学森也挤在小伙伴们中间。

那时的师大附小,对于这些只有七八岁的孩子来说,可算得上一片世外桃源,一个安逸的避风港了,孩子们才不管什么政权、革命,他们只关心今天有什么好玩的,有什么开心的节目。

对师大附小的男同学来说,最好玩的莫过于一种"扔飞镖"的游戏。

钱学森是扔飞镖的能手。

飞镖是用纸折成的。每当同学们演算完作业,用过的纸,同学们都存起来,用它来折飞镖。

课间休息则是一场扔飞镖比赛。

说起这扔飞镖,其实非常简单,人人都会,但不一定人人都玩得好。在附小,每次比试玩飞镖,总是钱学森扔得最远,投得最准。

"啊,我又胜利啦。"钱学森又在高兴地叫,那兴奋天真的小脸,涨得红红的。

"不行,再来一次。"有的同学不服气。

"来就来,我还会赢的。"钱学森也不甘示弱。

结果仍是钱学森胜利。

同学们都很奇怪,为什么总是他赢呢? 我们的力量可比钱学森大呀,看他那文质彬彬的样子,怎么会有这么大的劲儿呢?

其实,并不是钱学森用的力量大,而是他折叠的飞镖与众不同,每次用完的废纸,钱学森总是认认真真地叠,他叠的飞镖有棱有角,特别规矩,他觉得只有把飞镖叠得规矩,飞镖才能飞得更远。

这场比赛一直被教室里的一双眼睛注意着,是那位女先生。"丁零零",上课了,同学们赶忙收拾好飞镖,一股脑儿拥进教室。

钱学森进来的时候,那位输了的同学伸腿绊了他一下,"扑通"一声,小学森栽倒了,正好趴在女先生脚边,飞镖也从手里飞了出去。同学们都笑了,钱学森害羞地涨红了脸,看看女先生,忙爬起来,来不及拾起飞镖就坐回了自己的座位。他心里怕极了,怕女先生批评他。

谁知女先生并没有批评他,只见她拾起地上的飞镖,仔细研究了一番,巡视了一眼教室。

"同学们!"女先生开口了,"比赛是一种竞技方式,是检验各人水平高低的一种手段。不能因为输了,就埋怨别人水平太高,那是错误的,要从自身找问题,同学们说对不对?"

"对——"

"可是,刚才有位同学就犯了这个错误,比不过别人,就采取别的方法报复,这种方法是不可取的,是永远进步不了的。大家刚才在室外的课间活动,我看得很清楚,男同学玩的飞镖——"女先生举了举手中的纸飞镖,"大家知道为什么总是钱学森赢吗?"

教室里鸦雀无声，钱学森害羞地低着头，耳朵都涨红了。

"同学们！"女先生接着说，"大家看这个飞镖，叠得多规整呀，叠得规规矩矩，这就是钱学森为什么总扔得最远的原因。钱学森——"

"到。"钱学森听见先生叫自己的名字，马上站起来。

"请把你为什么叠这么规整的原因告诉大家。"

"我……"钱学森害羞得好像犯了错误的孩子，"我觉得这样飞得快……"

钱学森也说不出为什么，但在他的大脑里，就觉得应该那样做，这种神秘的直觉一个小孩子怎能解释得清呢？

2. 爱玩的孩子

夏天的夜晚好惬意啊，幽蓝幽蓝的夜空，宛如一张巨大的镶着宝石的幕布，张开在人们的视野里，那闪闪繁星，是不是神秘的人儿在眨眼睛？那转瞬即逝的流星，是否代表着一个忧伤而美丽的传说？门前随风摇曳的石榴花，恰似一个个正在盛开的小太阳；那油绿油绿的叶子，是那般的娇媚可人；偶尔一两声的虫鸣，竟让这夜也有了几分感动！

钱学森搬只小凳坐在石榴树下，仰望着美丽的夜空，那闪闪发光的星星多么迷人啊，还有那时圆时缺的月亮。不知什么时候,钱学森喜欢这样静静地看天空,晚上看,白天看,那神秘的天空简直要把他迷住了。

那月亮旁边的星星为什么总是那么亮?还有那七颗星星怎么像把勺子?它们中间是不是有东西相连?钱学森总是充满好奇地问父亲。对于这些稀奇古怪的问题,父亲却总是故作神秘:"那里有另外一个世界,是人类不可涉足的。"

父亲越是神秘,钱学森越是好奇,他幻想有一天,乘坐一辆两匹骏马拉着的四轮马车,来到月亮上。那里有妈妈常提起的嫦娥,还有可爱的小白兔以及在地球上看到的阴影——月桂树,她们在那里尽情歌舞,没有忧伤,只有快乐。嫦娥还把月宫中最好的东西拿来给他吃,并邀请他跳舞、唱歌。月亮上仙乐飘飘,云雾缭绕,到处鸟语花香,山清水秀。钱学森陶醉了,如此美丽富饶的地方,如果永远待在那儿多好啊。

他还幻想,驾着四轮马车,像《西游记》里面的神仙一样,腾云驾雾,到各个星星上去看一看,去看看星星是不是一个个的水晶石,那经常摆成勺子形状的星星之间是不是有什么东西在连着它们。遨游在太空,那真是最美最美的享受啊。

还有那条银河,妈妈说,在银河的两边,住着两个可怜的人,一个是牛郎,一个是织女,是那条无情的银河才把他们分开的。小学森多同情他们啊,他想做一个传递情书的天使,飞在银河之上;他又想做一个勇敢的战士,把可恶的王母娘娘打败……

钱学森完全沉浸在了自己幻想的王国里,他觉得那神秘的天空里有那么多神秘的传说,那是一个充满诱惑的世界,一个美好的地方。

正像所有聪明的孩子一样,钱学森觉得那些小学的功课太简单了,以至于每次考试都得第一,每次提问,他都能按书上写的一字不落地背出来。

这种"太容易"的情绪使钱学森有些飘飘然,他开始贪玩儿。

他原本就是一个爱玩儿的孩子!

他在同学们之间恶作剧,在别人的衣服里放青蛙,在上课的时候给老师画像……整夜整夜地看连环画和赶写未完成的作业……

他的这种表现在一次考试中被彻底暴露出来了,那一次,他考了全班第二十几名,而当时班里只有三十几个同学!

他害怕了。

他不敢回家。

他想起了4岁那年的第一次挨打!

天已经黑下来了,街道上空无一人,那一方方明亮的窗户里面,也许是一个个温暖舒适的家吧。钱学森没有回家,他想起了爸爸的严厉,想起了爸爸的眼睛,想起了妈妈的双手,想起了……

他就那样在路边的小凳子上睡着了，怀里抱着装有考试卷的书包。

不知过了多久，小学森醒了，是在自己家的小床上，床边放着冒着热气的大碗鸡蛋汤。

那一夜，父亲没有打他，而是第一次把他当大人看待，两人进行了一次长谈。

钱学森哭了。

父亲第一次沉重地告诉他："国家兴亡，匹夫有责！"

经过父子的这次长谈，钱学森又一次得到了精神上的指引，他不再觉得课本太容易，也不再沉迷于游戏和连环画。他努力地学习，不放过任何一道题，会背所有的课文。有时候，他会把自己当成小教员、老师的助手，去帮助学习差的学生，给他们讲习题，去同学家里给病了的同学补课，他胖胖的小脸总惹得同学们的家长忍不住亲上一口。

由于钱学森的努力，到小学学业结束的时候，他被学校评为"学习最佳学生""品德最优学生"，并获得了一枚非常精致的闪闪发光的奖章。

站在领奖台上，钱学森激动极了，他饱满的小脸红红的，黑黑的头发，亮亮的眼睛，还穿上了妈妈刚刚给他缝制好的一件蓝色的长袍。

满脸微笑的钱学森从校长手中接过奖章，台下几百名学生禁不住欢呼雀跃,纷纷鼓掌祝贺他。

学校门口站着专门来看儿子领奖的钱均夫,他似乎比儿子还要激动,不住地对过往的行人说:

"看,那个就是我儿子,我儿子得了第一名。"

三

他长大了，他的心灵，也因为知识的丰富而丰满起来。他向往那种在旋律与和声中进行的精神交流，那是一个美丽和谐的世界，那琴弦和心弦一起歌唱的愉快，使他更加深刻地体会着生命的快乐！

1.诺亚方舟

钱学森 12 岁那年，考取了北京市师范大学附属中学，这是当时一所非常有名的学校。

钱学森是以全市成绩第一名的身份走进这所学校的。

由于孙中山先生领导的资产阶级民主革命的失败，当时的社会环境进一步恶化了，到处是打仗的士兵，坦克和大炮随处可见，大街上成了肉搏的战场，许多人横尸街头，几乎没有人敢在街道上行走，随时飞来的炮弹让家家关门闭户。

在这种环境下，怎么能坐在教室里安安静静地读书呢？

幸运的是,钱学森遇到了一批好教师,这些人不忍心看到中国的孩子在最需要知识和教育的时候被战争毁掉,纷纷用自己的爱心,在战火纷飞的年代,为孩子们开辟了一个真正的生命之洲!

在这里,听不到嘈杂的叫喊声,看不到血腥的暴力冲突,更听不到吓人的枪炮声,只有美妙的读书声和老师亲切的讲解,校长和蔼的笑容……

钱学森似一条小鱼游进了清澈的池塘……

他太爱这里的一切了,老师、同学、操场、球场,即使是大道两旁的红花绿草,在钱学森眼里,也是那么的可爱。在这所学校里,他如醉如痴地吸吮着知识的琼浆。

小学时学的知识此时显得那么浅显,面对那些趣味横生、奥妙至极的几何题目,钱学森表现出了极大的兴趣,他不知道世界上还有如此有趣的科目,那一道道习题和一个个为习题而准备的定理和定律,简直把钱学森迷住了。

他一遍遍不厌其烦地做着那些习题,一遍遍体验着论证出定理的快乐,桌上堆放着他用过的一沓沓的草稿纸和已经不能握住的一截截的铅笔头,他的额上浸出了兴奋的汗珠,眼睛里闪烁着惊喜之光。

一个直角三角形,两条直角边的平方相加等于斜边的平方,这是多么让人惊奇的事情啊!他崇拜这个定理的发现者。他总是双手支着脑袋,皱起眉头,两眼紧盯着一个个奇异的定理,在他的小脑壳里飞旋着一道道七彩之光,那来自科学的自然之光一次次照亮这个小男孩的心灵,他被科学征服了。那一个个定理的证明,严密得滴水不漏,使人不能有半点怀疑。人的思维是那样的明晰,那样的可靠,这太神奇了!

自然和自然规律让这个仅有十几岁的孩子的智慧之门缓缓开启了。虽然只是一枝嫩芽,但终有一天,他会长成参天大树!

钱学森的勤勉刻苦及聪慧过人使他很快被他的几何老师傅种孙发现了。这位卓有成就的数学家极其钟爱这个有着明亮眼睛、大大额头的学生,他教钱学森在课堂上别人听不到的知识,那都是些比较深奥的东西。因为,课本上的内容已经远远不能满足钱学森的需要了。

钱学森直到老年,还非常怀念他的这位恩师,他甚至还能记得傅仲孙教授曾说过的一句话:"我讲的道理是纯推理的,得出的道理,不但在教室里如此,在全中国也是如此,在全世界也是如此,就是到了火星上,也还是如此!"

2. 心灵的触摸

钱学森专注于他的学业的同时,另一只神奇的手也紧紧地抓住了他,那就是音乐和绘画!

钱学森从小就喜欢唱歌,上海大教堂悠扬的晨钟和神秘的赞美诗,早已在他心里种下了美的种子。妈妈嘴里流出的溪水一样清脆的歌声以及父亲低声吟唱的磁性的声音,都让钱学森难忘。

　　现在,他长大了,他的心灵,也因为知识的丰富而丰满起来。他向往那种在旋律与和声中进行的精神交流,那是一个美丽和谐的世界,那琴弦和心弦一起歌唱的愉快,使他更加深刻地体会着生命的快乐!

　　他爱上了交响乐!

　　那时候,学校里有一个交响乐团,那都是些大学生组成的,他们经常在早晨或者傍晚站在空荡荡的草场上练习,那悦耳的声音和庞大的气魄,总让远远观望的钱学森心驰神往。

　　他利用课余时间,开始练习莫扎特的曲子。没有乐器,聪明的钱学森就用嘴来当各种乐器,声音从他忙碌的小嘴巴里出来,还真有点交响乐的味道。

　　他是那么的痴迷音乐,学校里每有交响乐演奏会,钱学森都会早早到场,选一个最合适的地方,静静地欣赏。他歪着大大的脑袋,两眼痴迷地盯着指挥手中的那根神奇的指挥棒,思想也会跟着那上下飞舞的小棍子而飞速旋转。

　　在音乐里,他找到了心灵的又一个神秘空间,那是独立的、轻松的、浪漫的所在,那是心灵的天堂,是忘却一切的灵丹妙药,他在音乐里找到了安慰。

与喜欢音乐一样，他还喜欢绘画。

钱学森认为：图画是无声的音乐，音乐是流动的图画，这两者是相统一的。

所以，在痴迷音乐的同时，他也痴迷于水墨画。

谈起钱学森学画，还有一个故事呢。

那是钱学森刚入校不久，在一次经过图书馆的时候，偷眼看见里面有一老者正在作画。出于好奇，钱学森偷偷溜了进去，看到那老者娴熟的技艺，精美的图画，钱学森兴奋极了，他竟然忘记了自己是偷偷溜进来的，竟脱口而出："哇，多美的画呀！"他这一声赞叹，可把老先生吓坏了，这位老先生本来正全力作画，他刚想在最后落款处写上名字，却一个激灵点成了一个小黑团，生气之余，转身一看，是个十二三岁的小男孩。

只见小男孩身穿学生制服，手提书包，一脸的稚气和纯真，黑黑的眼睛透着聪慧之气。长者顿生怜爱之心，低声探问："你是哪个班的？"

"一年级一班。"钱学森知道闯了祸，毕恭毕敬地回答说，生怕先生骂他。

"喜欢画画？"

"嗯，先生画得真好，可惜……"钱学森看着那一小团墨，不好意思地挠挠头。

先生微微一笑,把画小心地折起:"不要紧,看你聪明诚实,先生就把这幅错画送给你,希望你从中能学得精华。"

钱学森没想到先生如此慷慨,竟有些不知所措,忙给先生作揖致谢,乐得先生连连称好。

钱学森手捧先生的习作,恭恭敬敬地回到了家里,真是如获至宝,心里乐开了花。

从此,功课之余,钱学森就临摹先生的水墨画。不承想,天长日久,钱学森的水墨画还真有些进步,他画的两幅史前动物生态挂图,还被老师视为学生的优秀习作而被保存起来了呢。

3. 诱惑

在这种良好的学习环境里,钱学森幼小的心灵开始了萌动,他对科学的热爱已远远超出了正常人的想象,他喜欢任何只要是科学的东西。那些变幻莫测但又有规律可循的知识让这个十几岁的孩子向往,他渴望掌握它们,成为知识的主宰,又想寻找道路,创造新的奇迹。

那时候,中国还非常贫穷,再加上社会动荡不安,战乱不断,学校里根本没钱给同学们买学习必需品。怎么办呢?为了能学到知识,钱学森就和同伴们一起想办法。

他们爱极了化学课上的那些精巧细致的烧瓶、量杯、小天平,这些东西真漂亮啊!那线条,那颜色,真让这些尚是孩子的学生爱不释手。可是,做化学实验时,那些漂亮的烧瓶、量杯就不能拿来用了,因为只有有限的几个,是拿来让同学们认识的,做实验可就不行了。如果打碎了,同学们连烧瓶是什么样的也看不到了。

怎么办呢?同学们开始开动脑筋。

有的在水杯上刻上横线充当量杯,有的用当时的"高丽纸"充当实验用的"滤纸",也有的在不精确的砝码上贴上一层纸来增加砝码的重量。总之,只要是有利于学习、有助于实验的方法,钱学森和他的同学们都想到了。

那时的化学老师也颇有功底,他精密的思维,博学的口才,经常让这群知识的追求者崇拜至极,所以他们就努力地学习,只要是老师讲的,他们都会使劲把它记在脑子里。

老师也被同学们的这种热爱科学、勤奋刻苦的精神感动了,他们更加全身心地投入教学中去。这种团结协作、共同向上的气氛使师大附中变成了一个巨大的温暖的摇篮,钱学森就在这种美好的学习环境中,接受着他一生中最为关键的教育。

钱学森的头脑在接受了一定程度的开启之后,变得愈来愈灵活了,他会用不同的方法解答同一个习题,也会用最简单的思维方式去解释众人难以解释的问题。他经常是最后一个离开教室的学生,那些课本上奇怪的公式、定理,钱学森不把它弄清楚是决不会回家的。甚至有一段时间,同学们都以为钱学森有什么地方出了毛病,因为他总是长时间地出神、发呆,他们不知道,这是他在思考问题呢。

为了满足自己强烈的求知欲望,钱学森在本已课业繁多的情况下,又选学了大代数、解析几何、微积分、物理学、无机化学、有机化学、工业化学、英语、德语、伦理学等,在知识的海洋中,钱学森像一个刚刚学会游泳的孩子,那么努力,那么好奇。那一个个现象,一个个理论,都如磁石一样深深地吸引着钱学森,在这充满诱惑的世界里,钱学森幸福地感受着来自知识的力量。

尽管有这么多的功课,这个调皮的孩子仍然充满着孩子式的欢乐,他依然会在课间出现在喧闹的操场上,也会和几个要好的同学在草地上踢足球。他是那么自信,又是那么天真。他对自己的一切都是那么了解,他知道什么是该做的,什么是不该做的。他更知道,自己的首要任务是什么,为什么而学习。他从来不需要催促,他把自己的时间安排得合理而科学。

钱学森从那时起,便养成了良好的学习习惯,他那晶亮的眼睛里经常放射出光彩。

师大附属中学是个不错的学校,不但学习气氛好,连考试制度也那么独特,老师从来不把考试分数作为学生学习好坏的标志,他们注重的是学生的潜质。

这种制度对于孩子太民主了,他们从来不怕考试,只把考试看作一次不能看书的作业，即使是这次作业没做好也不要紧，只要下次做对就行了。

所以，对于钱学森这样选修课业众多的学生来说，学习也只是一种乐趣，并不觉得太累。相反，那些科学的光芒反倒把他的理想照亮了。

4. "为什么而学习？"

"为什么而学习？"

这是师大附中校长林砺儒教授常给同学们提出的一个问题，这个问题也常常萦绕在钱学森小小的心田里。是啊，看着每天从天空飞过的一架架冒着黑烟的战斗飞机，再看看到处愤怒的示威群众，这些尚处于认知阶段的孩子怎会不问我们的国家为什么这么混乱？我们的人民为什么这么苦难？我们为什么而学习？

很小的时候，父亲就曾对钱学森说过："唯有科学，方使祖国强大……"那时候，钱学森根本不懂其中的含意，但从父亲坚强执着的眼神里，他看到了父亲对自己的希望。他那么努力地学习，原因之一就是为了父亲。

如今，钱学森已经长成了十六七岁的小伙子，他浓密头发下的眼睛更加明亮，眼神更加坚定，他对学习更加执着。他了解了祖国的历史,了解了她的辉煌和屈辱,他知道他的祖国正在痛苦的黑暗中挣扎,他想拯救她。

年轻的钱学森开始接触左派刊物,那些神秘的杂志都是在同学们之间秘密传阅的,人们像传递圣物一样传递着这种文字。每次得到这种刊物,钱学森都会迫不及待地贪婪地吞食着这些在他还不易消化的东西。

"那是一个多么美好的世界啊,耕者有其田,各尽其能,物有所归,人们为了美好生活而努力工作,再没有阶级剥削和阶级压迫,大家地位平等,共同创造生活……"

钱学森两只眼睛飞快地在这些文字上飞过,他的脸颊因为激动而变得通红,头上浸出了汗珠,眼睛里也放出唯有看到奇迹才会发出的光芒。

他不相信这世界上还有这么美妙的事情,如果真有这样的社会,那一定是最先进的地方。他渴望自己能处在那样一个美好的社会,没有战争,没有硝烟,没有天天不绝于耳的枪炮声……

他仿佛穿越在开满鲜花的田野里,他跳啊、跑啊,愉快的笑声回荡在蔚蓝蔚蓝的天空中。他羡慕极了这样的社会。

他又开始看《资本论》了,还有《马克思主义》《社会主义论》等作品,他小小的心灵被书中的文字深深地打动了,每次看完一段文字,他都会在心中问自己:我学习是为什么?难道仅仅是为了让自己学识更渊博一些吗？但是，渊博又有什么用呢？不能为祖国而效力，仅仅学识渊博，又有什么用呢？

一个意外的事件，使钱学森的这种想法更加坚定了。

一位非常出色的同学在一次暴力事件中被意外打死，这引起了附中全体师生的强烈抗议，但抗议并没有出现好的结局。理由是：在动荡的年代里，人员伤亡，是很正常的事情！

钱学森沉默了，他为他的这位同学的死而感到无比的难过，他为同学之死并未唤起人们的觉醒而气愤、失望。

是校长林砺儒给了钱学森精神上的抚慰，他给大家讲什么是爱国主义，战争时期爱国主义的真正内涵是什么，讲中国的贫穷，讲中国科技的落后……这些话在钱学森的心里引起了强烈反响，如平静的湖水突然遭到巨石的冲击。他明白了，他又想起童年时期父亲对他的教诲，他开始正视自己的祖国，正视自己的人生。

从此，校园里经常有一个神情专注、目光敏捷、手捧书本的小伙子，在教室、操场或在路边刻苦攻读。有时他旁若无人地大声背诵，有时他忘情地大笑不止。更多的时候，他会手捧脸颊，眉头紧锁，两眼充满着专注和期待。他桌子上那一摞摞的书本，演算用过的草纸，几乎要把他淹没，他的手是那么急促地写着、算着，哪里知道外面的树叶已经发黄……

钱学森一改往日调皮的模样，他仿佛是在一觉醒来的时候长大的,他变得深沉而寡言,他的脑子里被神奇的科学所占据着,他要掌握所有的知识,要学习最先进的科学,他要在祖国最需要的时候,用知识回报祖国。

每当钱学森看到祖国大好河山被炸弹和枪声笼罩的时候,他就会在心里一遍遍告诉自己:不要心急,不要心急! 其实他多么想走在救国队伍的最前面啊。但是,想到同学的死,他清醒了,那只不过是匹夫之勇,真正救国强国并不在战争之中。等到国家安定的那一天,钱学森再用所学的一切报答祖国!

勤奋好学的钱学森选学的是理工科,尽管他是那么热爱祖国几千年留传下来的文化,但是,在他的心底,最喜爱的还是理工科。他觉得他的脑子天生就是用来推理判断的,那些烦琐难懂的数据公式,经他的大脑处理,竟变得那样明晰,他就那样一本本地读着,高中课本几乎被他全部背了下来。

钱学森高中毕业的时候,他的理科知识的掌握程度,已经达到了大学二年级的水平。

他又一次取得了全校第一名的好成绩,顺利地被上海交通大学机械工程系录取。

那一年,钱学森 18 岁。

四

就这样,他像一只勤劳的小鸟,为自己的小巢衔来一根一根稻草,在最需要的时候,他要用这些稻草来建造自己温暖的小窝。

1. 路灯下的"小北京"

坐在通往上海的火车上,钱学森的心已经飞向了那个令他日思夜想的地方,他已无心欣赏江南的美景,他激动地一遍遍整理着被风吹散的头发,他看上去有些魂不守舍!

是的,他的魂魄早已飞到了那个被父亲誉为"上海人的骄傲"的学校,刚才车站里与母亲依依惜别,还有昨天夜里父亲的谆谆教诲,此时都化为幸福的心花在他年轻的胸膛开放。

"妈妈,儿子已经长大了,儿子已经上大学了……"

他幸福地在心里说着,眼睛微闭,眉宇间潜藏着愉悦的情绪。

天是那样寥阔,那苍翠的群山,绿绿的小河,淡淡的江南小镇,在此时的钱学森眼里是那么的明朗。他的心似打开的窗户,接纳着来自外界的新鲜气息,他努力地呼吸着,仿佛要把多年来潜藏在内心的诸多不快全部吐出来一样,他眼睛里有一种说不出的喜悦,那是要改变人生的时候才会有的一种激情,他憧憬着未来的日子!

到了,就要到了!钱学森眼睛紧紧地盯着窗外飞逝的景物,他的心跳个不停,他不知道自己为什么如此激动,是因为这久负盛名的学校,还是因为这来之不易的学习机会?他的思绪纷乱繁杂,他的耳边又一次响起父亲的话语:

"用科技武装头脑,用科学振兴中华,完成为父宏愿!"

父亲,您老放心吧,学森一定不辜负您的心愿,好好学习,为改变祖国的面貌而努力!钱学森在心里对自己说,他锐利的目光又加了层坚定。

火车终于在上海站停了下来,钱学森来不及欣赏大上海繁华的美景,他拎着行李箱,拼命在人群里钻来钻去。

好不容易才钻出了拥挤的人群,他按照来时父亲给他讲的路线,拦了一辆人力车,急急忙忙往学校赶。

坐在车子上,钱学森才算安定下来,他擦擦额上的汗,检查了自己所带的行李,开始欣赏马路两侧的景色。

大上海真繁华呀,街道两侧的店铺好多好漂亮啊,那写着各种各样字样的招牌把大街两旁打扮得多美呀,还有那高高的大楼,楼上大大的钟表,这一切把初到上海的钱学森迷住了。

"我要在这样的地方生活好几年呢!"他小声地自言自语,"真不知道几年之后我会有什么样的变化。"

人力车终于在上海交通大学门前停住了,钱学森不相信这就是自己将要去的地方,他坐在车子上,两眼吃惊地大睁着,嘴巴微张,巨大的喜悦写在脸上。

"哎,先生,该下车了。"车夫催促着。

钱学森这才清醒过来,他兴奋地跳下车,提起他的箱子就跑。

走在交大的校园里,满目的鲜花绿树让钱学森宛如进入了一座公园,那湖水,那小山,那曲径通幽的鹅卵石小路……钱学森真是兴奋极了,他忘了旅途的劳累,忘了因激动而整夜未眠的困意,他像一个乡村孩童走进了豪华官邸,好奇地看着周围的一切。

那是教学大楼,那好像是小礼堂,这个是图书馆吧……钱学森自言自语。

前面有一巨大石碑,他好奇地凑过去:

"本学府始建于1896年,前身乃南洋公学……"

"1919年,五四新文化运动……外争国权,内除国贼……上海学生联合会……"

钱学森小声地念着,深深地被这所大学的历史所吸引。他不禁想起临行时父亲所说的话:

"上海交通大学是我们上海人的骄傲,是中国人的骄傲,全世界都知道它的名字,你一定要努力学习,学有所长,不要辜负这座学校的光辉历史啊……"

眼前看到的一切,让钱学森从心底升起了一种对新学校的神往,他在心里暗暗下定了决心。

既醒勿睡,

既明勿昧,

精神常提起;

实心实力求实学,

实心实力务实业。

…………

从这一学年开始,钱学森就唱着这首上海交通大学的校歌,开始了他的大学生涯。

初入交大的钱学森显然不太适应这突然而至的快节奏生活,这里的教学方法比他的母校——北师大附中严格得多。学校规定,学生必须严格遵守老师的命令,对重要课程,要熟读硬记,有的课业甚至还要会默写!

这真是太苛刻了！

钱学森几乎成了一台日夜转动的机器，为了跟上老师的进度，他放弃了一切课余爱好。不去听交响乐，真比割他的肉还难受，但紧张的功课紧紧地逼着他，除了给家里写过一封平安信之外，每天的课程、作业，就把他全部的业余时间占满了。

有时候，钱学森怀疑自己是不是真是一台机器，这里的老师怎么能这么教他们的学生呢？

他有些不理解。他非常怀念在北师大附中的日子。

化学课是钱学森非常喜欢的课程，上第一节的时候，就有人告诉他，化学老师叫徐明才，是交大最严厉的老师。

钱学森不以为意。

一次上化学课，老师提问他一个化学定律，由于在附中养成了注重理解而非死记的习惯，钱学森只把定律的大体意思说了出来，如果是一般的老师，也算答对了，但徐明才老师不一样，他严厉地批评了钱学森，并要求他下课后留下再给他重背。

钱学森从来没受到过老师如此严厉的批评，他心里难过极了，眼泪在眼眶里打转，他觉得这个老师太严厉，没有道理，心里有些生气。

下课后，徐明才老师走到钱学森面前，这时班里只剩下他们两个人。

"钱学森同学，请你再给老师背诵一下那条实验结果。"

徐老师不苟言笑。

钱学森低着头,憋红了脸,他不想背,他想跟老师谈谈。

"徐老师,我想和您谈谈。"钱学森吃力地说。

"谈什么?谈你们师大附中不兴这个,还是你是个好学生,不愿意死记硬背?"徐老师明察秋毫。

钱学森没想到徐老师看出了他的心思。

"钱学森,为师知道你聪明,但做学问不可有半点松懈,化学实验结果是精确的,它的语言文字也要求精确、到位,我知道你已理解了它,并可以拿自己的语言来描绘它,但你这种自己的语言拿到国际上承认吗?咱们中国贫穷落后,让外国人瞧不起,我们的文化知识却不贫穷,不能让外国人小瞧咱们呀。"

徐老师显得有些激动。他擦擦额头的汗,接着说:

"我知道,你是一个很有希望的学生,也是一个勤奋的学生,为师希望你能记住这些话,努力学习,为我们的民族争光。"

徐明才老师说完,转身离开了教室,留下钱学森一个人,偌大的教室空落落的,钱学森的心里也空落落的。他静静地坐在自己的位置上,回忆入学以来自己的所作所为,是真的用功了吗?如果真的努力了,为什么不能满足老师的要求?

父亲的教诲,老师的忠告,回响在钱学森的耳边:"为我们的民族争光……学好知识,建设我们的祖国……"

他的心渐渐平静了,是啊,不能因现在国难当头就放弃自己的学业,松懈自己的行为,而相反,应该抓住时机,等着黎明的曙光到来,到那时,国家安全,自己学有所成,再去建设自己的家园。

从此,在学校的校园里,经常能看到一个穿着朴素衣服、长得很帅气的小伙子,他或读或背,有时候拿一根小树枝在地上画来画去。

在学校的花园里,有一盏高高的路灯,这是专门为晚上散步的家属们设置的。

每天晚上,等大家都休息了,总有一个年轻人,手拿课本,来到这个路灯下,趁着灯光,开始他每晚必备的功课。

困了,他就站起来活动活动;累了,他就换个姿势继续学习。

这个路灯几乎成了钱学森奋发努力的见证,钱学森也成了上海交大学生们学习的楷模。

"看,那个爱学习的'小北京'来了。"

"就是那个天天在路灯下读书的那个?"

同学们已经开始议论他,钱学森才不管他们在说些什么,他仍然天天去那个给他光明和希望的路灯下,埋头读书。

果然,到这一学期结束,钱学森又以优异成绩获得了一枚金质奖章,而且从这一学期,他开始享受只有优秀学生才能享受到的奖学金。

更让同学们惊奇的是,到这一学期结束,钱学森竟然把徐明才老师讲授的《分析化学》，一字不落地从第一页背到最后一页，连里面的插图他也能画得清清楚楚。

钱学森的名字，一夜之间传遍了交大的每个角落，大家都知道，有一个来自北京的小伙子，学习成绩好极了。

钱学森用这些来之不易的奖学金开始疯狂地购书，他已经不能满足课堂上老师的讲解和课本上那么一丁点的知识了。他发达的大脑像一块干燥的海绵，贪婪地渴望知识的浸润。在一封给家父的书信中，钱学森这样写道：

"我已经不知道没有知识的灌溉我还能不能生活，这里真是我自由成长的天堂，我庆幸进了这么一所著名的学校，这里的老师，人人都有那么丰富的知识，他们的大脑个个都是科学的宝藏，我希望我的将来能像他们那样，甚至更好……

"我感谢父亲给了我如此安静的学习环境，没有您的教诲，我真不知现在在干什么，您是我的第一位老师，是您打开了我人生和智慧的门窗……"

钱学森求知若渴的样子，令交大的师生们惊奇，他甚至可以一整天泡在图书馆里。身边是一个布袋子，里面装着从饭堂买来的馒头和一个装开水的水壶。

图书馆里的工作人员对这个来自北京的英俊小伙非常熟悉，他们都为这个青年的好学而感动，经常偷偷地在中午或晚上的吃饭时间，把他布袋里的冷馒头和凉水换成热的，他们怕这个勤奋的学生因此而吃坏了肚子，影响身体。但已经沉醉于知识琼浆里的钱学森竟没有觉察，他太投入了，以至于忘了一切。

钱学森把所有的钱都花在了学习上，光他用来演算的练习本，都远远比同学们用的多得多，甚至连纸的背面都仔细地用完了。他从没为自己买过一件衣服、一双布鞋，他穿的，仍然是中学时代穿的旧衣服，有的已经很小了，有的已经穿破了，但钱学森从来不在乎这些，破了他就自己缝一缝，小了他就找一件大的穿在外面盖住它。

"你看见了吗，那个书呆子的衣服？"

"谁看不见呀，简直是目不忍睹。"

"可惜了他那英俊挺拔的身材……"

有人在他背后偷偷地议论他，钱学森听见了也装作没听见，他明白外表华丽并不说明心灵美，衣装富贵并不表示他内心充实。他认为总有一天他会让这些同学羡慕他的。

交大的考试也同北师大附中的一样多，但考分的要求却比附中要高得多。在附中，同学们从未因第二天的考试而开夜车，即使像钱学森这样的好学生，平时也只是考 80 多分，因为老师不注重分数，只注重平时的理解。但在交大就不同了，考 80 分的学生不能算是好学生。英语老师要求更严，不但要求学生们写作方面精益求精，而且要求口语要准确、流利，每篇课文都要求熟读熟记，考试时，连课文内的"加注"也要考。

尽管是如此严格的考试,也难不住勤奋刻苦的钱学森,他视学习为乐趣,视知识为财富,他对每一门学科都有着浓厚的兴趣,他熟读强记,刻苦用功,到学业结束,门门功课都达到了95分以上。

2. 茶馆逸事

暑假,是钱学森中学时代最喜欢的季节。因为暑假里没有作业,没有上课的紧迫感,可以跟爸爸一起到郊区游泳、钓鱼。

可是上大学时的暑假就不一样了,一方面回一次家太远,路费太高,钱学森拿不起;另一方面,当时安全保障不可靠,经常有火车爆炸或者汽车相撞事件发生。许多同学因为怕出事,就待在学校里不回家了。

钱学森也是其中的一位。

在没有老师管束的情况下,这些突然自由的学生有的继续准备下一学期的功课,有的利用这难得的闲暇时间,出去感受感受生活。他们经常三三两两来到学校附近的茶馆、饭店,要一些便宜的小菜,加上一杯江南的黄酒,慢悠悠地听着来自街前巷尾的逸闻趣事。

钱学森当然不喜欢这样消磨时间,他越是学习,就越是被书本上神秘的自然科学所吸引,那些发动机、链条、轴承,在他眼里,竟比美丽可爱的小动物还有意思。

他愉快地和它们交谈,把它们设计成各种机器,会走的,会发电的,会带动飞轮转起来的,真是太有意思了。钱学森经常躲在自己的宿舍里,从早到晚地读他的那几本厚得快要搬不动的书,眼睛都累得酸痛。

同学们发现钱学森学习太过头了,纷纷想办法,他们要让这个书呆子休息一下。

这天,和钱学森同乡的刘世堂来到钱学森的宿舍,他被宿舍里到处散放的书籍文稿,还有脏了没来得及洗的衣服吓住了,这是人住的地方吗?

他看到钱学森仍趴在桌子上看书,丝毫没有察觉到有人进来,故意咳嗽了一声。

钱学森听到声音,从书堆里抬起头来,一看是同乡,忙笑容满面地请刘世堂进来。

两个人寒暄过后,刘世堂说话了。

"钱兄,这大热的天儿,怎么不出去凉快凉快?"

钱学森光着脊背,用毛巾擦着汗。

"我习惯了,出去不也一样热吗? 不如躲在屋里,也省得听外面的聒噪。"

"你这就不对了,出去有出去的好处。不信,我带你去一处地方,保你喜欢。"

看钱学森没有出去的意思,刘世堂假装生气:"你对兄弟有意见不是? 咱们同乡可都在等着你哪,你不去,让我怎么向他们交代?"

看刘世堂一脸的真诚,钱学森也不好推辞,只好收拾了正看着的书本,拿上一件薄衫,边穿边跟着刘世堂走出去。

两人来到街上,由于太阳太烈没有几个行人,倒是茶馆里人声鼎沸,煞是热闹。

刘世堂带钱学森来到离学校稍远一点的一座茶楼,这是座相当破旧的建筑,两层楼,一层是大通屋,所有的茶桌都在一起,大家在一起喝喝茶,说说话,不说话的,也可以听听别人说的奇闻逸事,整个茶铺倒也热闹。

二层楼上就不一样了,这是相比之下较有钱的人家去的地方,分几个雅间,每个雅间都是单门独户,外人看不见里面,在里面喝茶议事比较清静。

钱学森第一次跟刘世堂来这种地方,没敢多说话,只默默地跟着,来到了二层楼上。

雅间里已经等候着许多人,有认识的,也有不认识的,大家看到钱学森来了,纷纷抱拳问好。钱学森本不愿来这个地方,但看到这么多的同乡,心里也渐渐高兴起来。他一一见过大家后,同乡们开始七嘴八舌夸赞钱学森。

他们都非常了解钱学森的为人,一些话也就不回避他了。

"听说现在共产党正在进行土地革命,不知诸位有什么看法。"一个商人打扮的人开口了。

大家兴致勃勃地讲着,每个人都很兴奋,钱学森也觉得很刺激,很激动,他胸中似有一股火焰在燃烧。

记不得谈话是什么时候结束的,最后那个商人送给他们每人一本书,还要求他们认真读一读。

钱学森感到很神秘,回学校的路上,他几乎是跑着回来的,总觉得后面有人在追他。他拼命地跑回宿舍,关上房门,拉上窗帘,急忙打开那本书。

这是一本手工印刷的书,很粗糙,但字迹还清楚。书中讲述了一个完美的世界,一个没有剥削,没有压迫,没有忧伤和眼泪的世界,这个世界就和几年前看到的书上讲的一样。这样的世界多美啊,钱学森被书中的境界迷住了。

晚上,四周那么安静,钱学森偷偷地把那本书塞到自己的枕头下,满怀希望地想:如果将来我的祖国像书上写的那样,该多好啊,我可以把我学到的知识全部用在祖国的建设上,我可以造轮船,造飞机,可以坐在飞机上看一看美丽的北京城。

以后的日子,钱学森似乎对那个小茶楼着了迷,他总是偷偷地去那里,为了防止有人发现他们,同学们常常装作喝茶的样子,听到外面有动静,就装作闲聊,大声地说笑,同时把带的传单藏到衣服或者鞋子里面。

钱学森从这个小茶楼里，知道了什么是共产主义，什么是共产党，还结识了不少地下工作者。

钱学森至今也不知道那个商人叫什么名字，那时候是不许过问的，但他知道这个商人最后死了，是被敌人用枪打死的，尸体还被悬挂在高高的城门上。

当时的中国灾难重重，交大的许多学生纷纷投笔从戎，钱学森也这样想过，他曾含泪给父亲写信：

"……祖国灾难深重，已安放不下一张安静之课桌，同学纷纷参军入伍，实现报国之志，儿今想投笔从戎，敢问家父可否？"

但等收到父亲的书信，钱学森迟疑了，父亲不同意他弃学从军：

"……尔今弃学从军，只能荒废学业，救国大事，非尔等所能为之，劝尔安心攻读，学成之时，再报国不迟，切记！"

看到父亲的亲笔信，钱学森辗转难眠，共产主义的种子已深深根植在他心中，但是救国又非自己一个学子所能实现，怎么办？

经过长达数天的沉思和抉择，钱学森选择了学业救国的道路，他从课本中、从历史上懂得，武力只能打下天下，而知识才能巩固并建设天下，自己一个文弱书生，不能治国平天下，只能现在努力学习，等到祖国安定之后，再报效祖国吧。

神秘的小茶馆渐渐从钱学森的生活中远去了，他又重新钻进了自己的科学天地,他更加拼命地读书,以此来抚慰自己不平静的心。

3. 为了父亲

上海交通大学是当时中国相当有名的大学,这里有不少杰出的学者,也有外国留学生。学校里有几十个学科可供学生们选择,钱学森没有像在中学那样尽情地挥洒自己的爱好,而是听从父亲的意愿,选学了工程机械系。

父亲希望儿子能掌握一门技术,尤其是一门可以用来作战的技术,这位曾留学东瀛、富有爱国之心的教书先生,在留学期间目睹了外国军事科学的强大,他的心里真羡慕啊,他多么希望自己的国家也强大起来,也制造出先进的武器。他知道,祖国之所以被人打,其主要原因是军事过于落后。

如今,儿子走进了全国著名的大学,面临着人生的一个重大抉择,父亲怎能不引导儿子做有益于祖国的事情呢?

从小崇拜父亲的钱学森这次也服从了父亲,一方面他的想法和父亲不谋而合,另一方面他也的确对理工科感兴趣。

有一次,儿子问父亲,我学这个学科,怎样才算学得好?父亲回答说:能造出一架飞机!

能造出一架飞机! 一般人也许认为这是再荒谬不过的事情

了,可是钱学森却倔强地答应了父亲,他要造出一架飞机,飞翔在祖国的蓝天上!

这里的老师给了钱学森无比的希望,他们向学生展示知识的魅力,点燃他们好奇的火花;敲开科学的门窗,激起他们求知的欲望,让他们在科学的天地里自由地发展。

老师这样亲切,学生可以自由地研究学问,钱学森太爱这里的生活了,他青春的朝气和活力又一次迸发了出来。

这个有着一头浓密头发的大男孩多么有朝气啊,每天他第一个起床,在同学们的睡梦里悄悄伸一个懒腰,开始他一天的生活。他步履坚定,情绪高昂,他骄傲的笑声和抨击一切浅薄的声音回响在上海交大的上空,他成了同学们心中的偶像。

他从来不迷信权威,他认为科学是一个创造的学科,没有哪个人会垄断它的全部,有谁能说事物是一成不变的呢?

钱学森坚信成功是垂青于勤奋者的,这个倔强的小伙子仿佛在黑夜中划行着小船,那个心中的飞机就是黑夜中的灯塔。他努力地划着,努力地躲避着风浪。他的双手紧紧抓着奋斗的双桨,他的目光丝毫没有离开过目标,他的那间宿舍,像是个书店,书桌上,椅子上,床上,甚至地上都摊满了书。

书,书,到处是书!钱学森顽强地一一把它们消化掉,他不停地在纸上画着写着,那一张张绘图仿佛是从哪个研究杂志上剪下来的,连老师也称赞这个勤奋刻苦的小伙子。

诚实的钱学森在科学面前更是无比诚实,那些难懂的公式,难懂的理论,不经过一番苦苦的思索,他是不会轻易问老师的,除非所有的书籍他都翻过,所有的方法他都试过,而一旦他向老师提问,有时候连那些学识渊博的教授也不敢妄下断言。

此时的中国正处于共产党和国民党两党交战的时期。恶劣的社会环境使全中国人民处于极其危险的境地,农民被国民党抓了壮丁,土地荒芜,人民饥饿难耐,许多人因为没有饭吃而饿死街头,全国处于危难之中。

钱均夫也失去了工作,他的家庭受到了困难的威胁,他把这些情况告诉了他的儿子。

"……连年战乱,已无法正常生活,人民饥暖不保,怎能顾及教育?……惟望吾儿志存高远,学有所成……"

钱学森看着父亲的笔迹,心里难受极了,身为长子,在父母生活无法保障的时候,不能担起家庭重任,于心何忍?虽然家里处于困难时期,父亲仍然没有忘记提醒一句:努力学习。可见父亲对儿子的希望有多大,钱学森仿佛感觉到有一双眼睛时刻望着他,那是父亲的眼睛!

没有钱买书,是钱学森面临的最困难的事情,以前父亲时不时会寄一些过来,再加上自己的奖学金,勉强可以度日。自从父亲没了工作,钱学森就不让父亲寄钱了,但是那微薄的奖学金怎么能供得起他买书呢?

为了看更多的书,钱学森当过图书保管员、搬运工,干过家教,甚至还给一个图书馆做过清洁工,只要对方能给他书看,干什么他都愿意。

不到一年时间,钱学森看过的书已经近百本,这些书他都进行了详细的记录,每一本书的主要问题他都能一一说出,他的脑袋像一个巨大的书库,只要提出一本书的名字,他就会马上说出这本书的内容。人们都认为钱学森是天才,但钱学森自己最清楚,所谓的天才是怎么得来的。

在大学的第二年,钱学森已经写出了一篇非常出色的论文。这篇论文不管是主题还是结构、内容,都体现了作者独特的思维和深刻的内涵,它博得了交大老师们的高度赞扬,也使钱学森在交大有了更大的知名度。

想起这段往事,老年时的钱学森还非常激动:"我要感谢那时的老师们,他们教学严,要求高,使我确实学到了许多终身受用不尽的知识。"

虽然钱学森在他的大学生涯里没有造出他的飞机,但在他的这个专业,他的水平已经能够建造出一架飞机了。在许多年后,钱学森仍然是交大学生竞相模仿的榜样。

4."早恋"风波

钱学森在大学的出色表现,使他成了交大引人注目的人物,尽管他外表看起来很普通,但只要同学们知道他是钱学森,都会不约而同地向他投去尊敬和羡慕的目光。

大学里那些留着整齐的刘海,穿着长裙的女生多么想认识一下这个勤奋的男学生啊!她们虽然出自名门,但少女的多情和纯真把她们的注意力引向了勤奋的人。

"那个有着一口标准北京话的小伙子是钱学森吧?他可真刻苦啊!"

"那是咱们学校的高才生呢!"

这些十七八岁的女孩子在关着门的宿舍里小声地议论。

"如果我将来的那位有钱学森的一半儿我就心满意足了。"一位躺在床上的女生说。

"那就干脆向他表白吧,像你这样的美貌和家庭,他钱学森还会不答应?"

"对,我们支持你,这样的人才我们可不能让他跑了……"

大家在宿舍里起着哄,被众人起哄的是当时交大的校花,一位有钱人家的姑娘,她叫阿莲。

大家在屋子里大声地闹着,这些女大学生完全摒弃了她们母亲的那种矜持和忍耐,她们像是冰雪消融后长在淙淙流水边的山茶,遇到适宜的空气和阳光便灿烂地盛开着。阿莲就是这样一个女孩,她此时正含羞地被同伴掸掇着,好似一个刚入洞房的小媳妇。

钱学森仍然每天往来于教室和宿舍之间,仍然低着头看他的书和绘他的图,他哪里知道,有一个女孩已悄悄地向他走来。

在一次学术交流会上,许多专家学者都在倾听钱学森的一篇论文报告,他们或频频点头,或轻轻微笑。台下几百名学生当中,有一双眼睛正热烈地望着钱学森,那是阿莲。她此时正满目含情地听着,双手早已因激动地鼓掌而拍得通红了。她那么专注地望着钱学森的一举一动,竟忘了身旁有那么多的同学在笑她。

演讲结束之后,钱学森被同学们簇拥着走出会场,大家纷纷赞扬钱学森,有的竟要钱学森为其签名。钱学森微笑着拒绝了,他觉得自己还很浅薄,没有资格成为同学们的楷模。

他终于摆脱同学们的热情,快步走进图书馆。

钱学森坐在静静的图书馆里,他的心渐渐平静下来,他已经习惯了这种安静的氛围,唯有在这里,在这书的海洋里,他才能找到快乐和充实。他慢慢地翻看那些写着深奥理论的书,思绪又开始了飞翔。

这时,阿莲轻手轻脚地来到他身边,她没有打扰他,只那么安静地坐在离他不远的地方，手里拿着一本书，但书并没有翻开，她的眼睛紧紧地盯着钱学森的背影。她就那么充满感情地望着那个只会低头看书的人，不知道她是在期待还是在享受，她脸上是一脸的纯真，她像一个在幻想的小公主。

也许是忍耐不住长时间的孤独吧，阿莲有些着急了，她已经等了两个小时了，可钱学森仍然在埋头看书，根本就没看她一眼。

这时，阿莲轻轻地走到钱学森面前，轻轻地把书放在他面前。钱学森吓了一跳，他抬起头，一双清澈的、含情的大眼睛进入了他的视野，他有些不知所措。

阿莲桃花含羞，红红的脸庞煞是好看：

"我想请教一个问题。"

"您……请讲……"

钱学森的话语噎住了似的，说话结结巴巴，因为阿莲是交大很出名的人物，不仅长得漂亮，而且很有才学，他没想到如此有才气的姑娘今天竟向自己求教。

两个人你一言我一语，很快就投入热烈讨论中，等问题真相大白的时候，两个年轻人也彼此熟悉了。

从此，阿莲经常找钱学森，两人不是在一起谈功课，就是在一起谈人生。钱学森也把阿莲当成了朋友，他觉得和阿莲在一起，有一种说不出的愉快。

尽管两人并没有做出越轨的事情,但校园里已经有了议论他们的闲言碎语,这些话让钱学森听到了。

他找到阿莲,看阿莲作何反应。

没想到阿莲却异常高兴,这让钱学森异常吃惊。

"让他们说好了,我们就要做朋友。"阿莲说。

"可是我们并不是他们说的那种朋友……那样会……"钱学森有点口吃地说。

阿莲本是一个刚烈女子,看到钱学森只听到风言风语就如此胆怯,她伤心极了,一甩手离开了钱学森。

她哪里知道,钱学森此时心里是多么复杂,他也不愿意失去一个可以交心的好朋友,不愿意失去一段美丽的故事。可是,如果自己经常受到这种议论的影响,那学业怎么办? 怎么才能集中精力去学习? 他的理想,他的奋斗目标,还从何谈起?

那一夜,钱学森几乎彻夜未眠,他给阿莲写了一封信:

阿莲同学:

　　您好!

　　思量再三,还是希望您能原谅,同学们的议论也许并无恶意,但这已影响了我的情绪。我们出外求学,目的只有一个:学得知识,报效祖国。这是目前我们所面对的头等大事。

但是,如果我们的交往未能达到我们的理想之愿望,我想,我们不妨试一试从前!

希望您学业有成!

钱学森

1933 年 10 月

阿莲知道,她面前的钱学森不是一个目光短浅的人,他的理想不是享受荣华富贵,也不是图谋权力美女,钱学森要的是先进的知识和深奥的科学,他要为他的理想而奋斗,其他一切不利的因素他都会一一清除。

少女的自尊和有钱人家姑娘的矜持使阿莲没有再去找钱学森。

一场淡淡的烟波轻轻地在钱学森的生活中飘走了。他又恢复了往常的生活,他又可以在同学们之间自由自在地穿梭了,他灿烂的笑容仍然那么动人。

五

　　码头远了,挥手告别的父母亲远了,仍沉睡在雾霭
中的上海滩远了,这块养育他长大成人的故土远了……

　　钱学森站在甲板上,看着已经变得模糊的祖国,心
潮澎湃,感慨万千。他在心里默默地说:妈妈,儿子还会
回来的!

1. 负笈远游

　　1934 年,钱学森又一次以全校理科第一名的成绩,接过了
校长授予他的金质奖章,愉快地结束了他的大学生涯。

　　同年,钱学森参加了清华大学公费出国留学的考试,结果,
他考上了。

　　钱学森是怀着沉痛的心情参加考试的。从学校毕业,回到
生养他的父母身边,本是件再快乐不过的事情,但是,恶劣的社
会环境,大街上满眼的残垣断壁以及落后的社会生产力,使心怀

壮志的钱学森沉默了。

难道我所学的知识就这样被荒废掉吗？面对无用武之地的祖国，钱学森自言自语。他多么希望祖国能尽快安定下来，没有战争，发展经济和生产，自己能把所学的知识用在对祖国的建设上啊。

那时候中国共产党正和国民党进行着生与死的较量，全国正乱成一团，人们每天忙着逃难，哪里有时间去搞建设呀。

中国的状况使钱学森产生了继续学习的念头，正巧当时清华大学公派出国留学的学生，钱学森参加了考试并一举考取。

钱学森要去的国家是美国。他早就渴望有朝一日能去美国学习，到那里取经，学习西方的先进技术。他要像希腊神话中的普罗米修斯一样，从美国取得火种，照亮中国大地。

也许是受父亲的影响太深了，钱学森准备去美国学习飞机制造专业。父亲实业报国的夙愿，他这个做儿子的一直想替父亲完成，而且这也是一门新兴的、足以富国强民的工业技术。

钱学森还记得他小时候的幻想，那梦中的小飞机，变幻莫测的神秘星空，快乐无比的太空之行，这看似遥远的愿望，一定会成为现实的。自己一定会学到真正遨游太空的本领，为祖国贡献力量。

这不，他马上就要去那遥远陌生的国度，学习技术，实践诺言了。

1935 年，临行前的夜晚。钱学森静静地坐在父亲身边，旁边是默默为他收拾行李的母亲。摇曳的灯光里，父亲的脸庞是那么凄凉而苍老。是啊，父亲的确老了，那从前黑亮茂密的头发，不知不觉中已开始变得稀疏，鬓角的头发也已染上了霜花。父亲默默地坐在那里，似乎在沉思，又似乎被什么东西吸引，就那么一动不动，在昏暗的光亮里，如一尊雕塑。

钱学森看得出，父亲心里有一股激流在涌动，父亲眉心的皱纹被拧成了"川"字，这位多年来一直默默地工作在教育战线上的老教师，此刻，面对即将远行的儿子，他在想些什么呢？

也许父亲想起了他在日本时的情景，想起了日本人看不起中国人的模样，想起了中国还有那么多的穷苦百姓，那饿死街头、陈尸荒野的凄惨；也许他揪心的是如今兵荒马乱之时，中国尚不知希望在何方……

这位爱国的知识分子流泪了，他看着一直静静坐在一旁的儿子，开口了。

"明天一早，你就要出去了，这一次不是去上海，可是去外国呀。学森，为父没有什么好说的，只有一句话：我等着你早日学成回来，为咱们国家效力呀！"

钱学森好久没有说一句话，他太明白父亲这些话的含义了。这二十余年，他就是在这种思想熏陶下成长起来的。如今，儿子稍有所成，怎会忘记自己的使命？"父亲，您放心吧，儿子不会辜负您老的期望，我学业一完成，一定早日回国，为国效力。"

钱学森看着父亲，坚定地说。

早晨的黄浦江，温柔娴静地等待着第一批船客。浓密的雾气萦绕着早已停泊在码头的美国"杰克逊总统号"海轮。偶尔一两声汽笛声，在寂静的上海滩上空回响着，好像在催促，又好像在诉说。

钱学森一家早早就来到了黄浦江码头，钱学森抢过母亲手上的皮箱，执意要自己拎。母亲不同意，非要儿子把皮箱给她。

"妈，你就别抢了，你已经很累了。"钱学森说着鼻子一酸，眼窝潮潮的。

"累什么？不累，你现在歇会儿，等上了船，还不都是你自己提？"

母亲爱怜地看着儿子，虽然儿子不是第一次出远门，但这次与往日不同，这一别，不知何年才能相见。

想到这里，母亲转过身去拭泪，她不想让钱学森看到这些，只能勉强压住心头的离情别绪。

但是钱学森怎么会看不到呢？他知道母亲因为今天的送别，昨晚一晚没有睡好觉。

"箱子边上有我给你买的内衣……袜子在皮包里……还有，吃的都在这个小袋子里，一路要小心……"

母亲不住地叮嘱着，钱学森一一答应着。儿行千里母担忧啊,自己长到 20 多岁,不但没能在父母身边尽孝道,反而让父母为自己担心,钱学森的心里,泛起隐隐的愧疚。

父亲钱均夫看出儿子的心思,宽慰他道:"学森,你安心去深造,家里不必操心,再说过几年你妹妹毕了业,不一样可以照顾我们吗?"

钱学森的妹妹由于功课紧张,没有来送行。钱学森在前一天就给妹妹留了封信,信是这么写的:

亲爱的小妹:

　　你好,首先祝学业进步!

　　今此去留学,不知何日归国,心中时有牵挂。父母年迈,身体日日渐衰,无奈为兄为国效力之才识薄浅,需深造博学,深知肩上责任之沉重。自古曰:忠孝不两全。如今,为兄择其先而弃其后,实为无奈之举。今为兄一走,家中二老赡养之责任落于你身,虽为兄不忍,但无他法,希望吾妹勇担重任,代兄侍奉二老,为兄在海天一角深为感谢。

　　愿吾妹学有所成!

　　　　　　　　　　　　　　　　　兄学森临别书

海轮的引擎突突地响起来,烟囱里喷吐出团团雾气,"杰克逊总统号"轮船就要起航了。

钱学森紧紧地拥抱着早已泪流满面的母亲,他多么舍不得这块生他养他的土地啊,多么舍不得他亲爱的父母啊。父亲强忍热泪拍拍儿子的肩:"学森,该走了。"

说着,早已泣不成声。

海轮又在鸣笛,"呜呜"的汽笛声敲打着送别人们的心。钱学森不得不走了,他依依不舍地向轮船走去,不时地回头向岸上的亲人挥手,早已按捺不住的泪水夺眶而出。

码头远了,挥手告别的父母亲远了,沉睡在雾霭中的上海滩远了,这块养育他长大成人的故土远了……

钱学森站在甲板上,看着已经变得模糊的祖国,心潮澎湃,感慨万千。他在心里默默地说:妈妈,儿子还会回来的!

2. 学院里的中国年轻人

刚从"杰克逊总统号"上下来的钱学森简直让人难以相认。由于20多天的长途颠簸,他看上去消瘦了许多,身上穿的衣服又脏又破,他站在熙熙攘攘的码头上,除了身旁一箱书籍和一些衣物以外,简直就像个乞丐。

这个年轻人四处望望,除了急匆匆向外走的旅客外,没有人注意他,钱学森第一次感觉到了无助和孤单。

他开始向人们询问,等开口时才明白,这里已是美国,人们只能听得懂英语。

这个腼腆的小伙子涨红着脸,改用英语问道:"请问……到麻省理工学院怎么走?"

友好的码头工人向这个初到美国的中国青年指引了通往麻省理工学院的道路。钱学森坐在电车上,感受着美国人先进的交通工具,看着这个位于大西洋之滨的海滨城市,他心里十分兴奋:如果我能把这里的先进技术学会,把它介绍到祖国去,让祖国也变得这样繁荣,那该多好啊!

他看着眼前的这座城市,那条曾经在书上看到的河流——查尔斯河,像一条镶着珍珠的玉带,安静地流淌在哈佛大学和麻省理工学院之间,这条美丽的河流,给初到的钱学森带来了无尽的遐想,他爱上了这个地方。

入校的第一天,按照惯例是要再考试一次的,但钱学森没有参加,因为他是上海交通大学的学生,从那里出来的学生,是不需要再考试的。

这个消息让钱学森激动极了,他为自己的母校骄傲,也为自己的祖国自豪。身处异国他乡,这种民族自尊心太强烈了。自从离开祖国之后,他第一次感受到了幸福和快乐!

由于钱学森谦恭的态度和熟练的英语,他很快被学院里的老师和同学们所接受。钱学森就读的是航空系,这里的老师都是学富五车的教授,有许多是世界有名的学者,也有荣获诺贝尔奖的科学家,他们丰富的知识和严谨的学风使钱学森对这里充满了信心和希望。

钱学森被这里的先进技术和完善的教学体系深深吸引,他开始贪婪地吸收一切先进的知识,他又像一台上了发条的机器,开始了没日没夜的攻读。

这里的学习条件比上海交大好多了,钱学森再也不用去路灯下看书了。这里有明亮的教室,有先进的教学仪器,有可以自由出入的实验室……

钱学森如饥似渴地攻读,刚入校几个月,他就把学校所有的老师都请教了一遍,所有的实验室他都去过,他把麻省理工学院当成了自由汲取知识的天堂,在这里,他简直不知道世界上还有没有比学习更有趣的事了。

他很快成了同学们追逐的对象。他的房门,经常被不知名的同学敲响,那都是慕名前来请教的同学。人们不再小瞧这个来自中国的年轻人,他的智慧和能力使美国的学生深深折服。

在这里,钱学森除了学习自然科学外,还对美国的历史产生了兴趣。他经常出入学院的图书馆,《世界历史》《中国历史》《美国历史》都是他手中珍爱的读物,从这些书中,他了解了美国,也更加了解了中国。

钱学森对音乐的爱好,在麻省理工学院有增无减,尽管功课紧张,钱学森仍会在忙忙碌碌中抽出空闲去欣赏有名的波士顿交响乐团的演出。

他把自己的时间安排得那么满,以至于人们对他充满了好奇:

"他怎么有那么充沛的精力呢?"

"钱学森简直是个超人。"

"他学那么多的课程,还看那么多的书,但他一场也没少听交响乐团的演奏,真是个神奇的人!"

同学们这样议论着,对钱学森充满了疑问,但钱学森心里最清楚,他的精神支柱不是别的,正是他可爱的祖国,他要把脑子装得满满的,带回自己的祖国去。

并不像人们看到的那样事事顺遂,钱学森有时也会碰到难题。

钱学森所在的航空系是一个非常注重实验的专业,为了更深刻地理解所学课程,钱学森经常整天整天地待在实验室里,不实验成功决不出来。他告诫自己:世上没有学不会的知识,只有学不会知识的人。他那么专注地做每一个实验,手指因经常摩擦变得异常粗糙,脖子也因长时间低头操作而变得僵硬,但倔强的性格使他不厌其烦地做着每一个实验。有时候,实在和书上的对不上,他就去请教教授。有好几次,他的教授竟被这个年轻人问住了。

正是由于这种忘我学习的精神,钱学森在短短一年时间里,就把航空系硕士的学位拿到了。那一天，他高兴极了，因为他是一起入校的同班同学中第一个拿到硕士文凭的人，他真想把这个喜讯告诉他的家人，告诉他们他没有辜负他们的期望。

那一年，钱学森只有 25 岁。

3. 抉择

有了书本上的理论，没有实践怎么行？钱学森在拿到硕士文凭的同时，也向学校提出了要求：去飞机制造厂实习。

但是，幸运之神并不是常常青睐钱学森的，正当他满心期待着的时候，冷遇第一次光顾了他。

飞机制造厂不欢迎他，因为他是中国人！

听到这个消息，钱学森像突然掉进了万丈冰窟，他痛苦极了，他的自尊心受到了强烈的伤害，他不知该怎么办好！

回国？不！自己还没有任何成就，怎么好回去见父老乡亲。留下？可是连实习的地方也没有！钱学森这个时候多么需要有一个可以指引他方向的人啊，可是在这异国他乡，只有他自己在对自己说话。

经过痛苦的抉择，钱学森决定继续留在美国深造，他要继续向航空工程的理论高峰进军，他无法忍受美国的那种排外和歧视，他要用自己的能力和智慧让美国人看一看：中国人是优秀的!

1936年秋,美国西海岸的加利福尼亚州的洛杉矶市沐浴在金色的晚霞里,钱学森踩着黄叶来到位于洛杉矶市郊的帕萨迪纳,他要在那所著名的理工科大学——加州理工学院继续学习。

这座全美国最繁华的城市此刻在钱学森眼里显得那么拥挤和吵闹,大街上川流不息的车辆,好莱坞影城躁动的人群以及震惊世界的冰河化石,在钱学森眼里都失去了往日的光环,这个年轻人此刻只想赶快赶往学校。

钱学森是带着梦想来到加州理工学院的。在麻省理工学院遭到的冷遇,使年轻的钱学森几乎失去了继续留美的信心,但使命感又让这个倔强的小伙子苏醒了,他不仅要继续留在美国,而且要攀向更高的科学巅峰!

加州理工学院是颇负盛名的力学与航空动力学的研究中心。在这里,有一位世界著名的力学大师——冯·卡门教授,钱学森就是冲着他而来的。

"尊敬的先生,我是从麻省理工学院来的。"

钱学森恭恭敬敬地站在冯·卡门教授的面前,他的表现像一个听话的小学生。

冯·卡门抬头仔细地打量着这位仪表庄重、中等个头的中国青年,这位性格丰富的匈牙利犹太人似乎对钱学森的来访有些意外,他以狡黠的目光看着钱学森:

"你为什么要学习力学?"

"我为美国先进的技术所倾倒,尤其是一年的学习之后,更觉得有那么多的知识需要我继续学习……理论研究是一个永无止境的学科,我衷心希望能师从大师,攀登最艰险的科学高峰!"

钱学森的回答异常从容,这使冯·卡门既感到意外,又感到欣喜。他又一次细细地打量了一下钱学森:宽宽的额头,敏锐的目光,倔强的嘴唇,从容坚定的神情……这位爱才惜才的老教授似乎预感到了什么。

冯·卡门又连问了几个问题,他想考考这个中国学生。没想到钱学森一一都作了回答,而且每个问题阐述得都那么深刻和完善。冯·卡门被钱学森敏捷的思维和清晰的头脑吸引了,他大喜过望。

他接纳了钱学森!

钱学森没有想到冯·卡门教授会这么快就决定收他为徒。他激动极了,一股脑儿把自己对力学的看法和自己的矛盾心情向冯·卡门倒了出来,师生两个人不到半天工夫,就像多年的老朋友一样了。

钱学森以他谦虚的态度和刻苦勤奋的精神很快得到了冯·卡门教授的信任。这位年长 30 岁的老师像对待自己的儿子一样对待钱学森,他要求钱学森加入他领导的古根海姆实验室,在他的指导下写有关高速空气动力学方面的博士论文。

正当钱学森为得到名师的指导而暗自庆幸的时候,大洋彼岸的父亲却蹙紧了眉头。

原来,在钱学森来加州理工学院之前,曾匆忙给父亲写了一封信,内容是自己改学力学理论的事情,钱学森希望父亲能理解他,支持他。他知道父亲的心愿是让他造飞机,实业报国。但是,现实却使钱学森偏离了父亲的方向。

远在中国的钱均夫没有想到,自己的儿子竟然改变了当初出国的初衷。他气极了,这位痴心的爱国者决定说服儿子,悬崖勒马,回到拯救中国的事业上来。他濡笔展纸,奋力写下回信:

"重理论而轻实际,多议论而乏行动,这是中国积弱不振的一大原因。国家已到了火燃眉睫的重要关头,望儿以国家需要为念,在航空工程上深造钻研,而不宜见异思迁,走学理论之途……"

老人殷切之心跃然纸上,钱学森看着这封家书,他又一次陷入了迷惘。

他多想回到祖国,回到父亲身旁,向他细细解释缘由啊。他知道,如果父亲知道他的想法,一定会支持他的。无奈关山远隔,纸短话长,钱学森期待着有朝一日父亲会理解儿子的意愿,他也是想报效祖国啊,只不过这是更长远的打算。

钱学森一千次地在心里祈祷着,祈祷父亲能理解他,他像个虔诚的教徒,面向祖国,两眼紧闭,长跪在他的小床上,他希望他的诚心能消除父亲心中的怨气。

就像真的有上帝一样,过了不久,钱学森就见到了他父亲的好朋友蒋百里及夫人左梅。

钱学森兴奋极了,他高兴地四处寻找最好的食物,把他平时狼藉一片的宿舍打扫干净,把他最好的衣服穿在身上,钱学森高兴地接待了他的伯父伯母。

第一次在美国见到亲人,钱学森不停地问询,要把心中的话立即全部倒出来:"祖国情况怎么样了?""妈妈身体好吗?""父亲还在生气吗?""我那个妹妹学习怎么样?"……

他太渴望了解祖国了。以前,他一心扑在学习上,淡化了许多离情别绪;今天,在万里之外看到亲人,他心灵的闸门一下子打开了,他尽情地挥洒着自己的感情。

钱学森完全忘记了自己已是25岁的大人了,他的手一会儿摸着脸颊,一会儿又插入头发,他忘情地说着自己的学习和生活,他激动的脸上放射着兴奋的光彩。

蒋百里夫妇也被钱学森打动了,一边吃着钱学森买来的火腿、罐头,一边兴致勃勃地听钱学森大谈特谈,时而回答一下钱学森的问题。他们被这个25岁的大孩子感染了,他们像父母对待儿女一样,敞开心扉包容面前这个孩子的一切。

在钱学森很小的时候,蒋百里就经常去钱学森家里。钱均夫曾和蒋百里是同窗好友,两人感情一向很好。后来蒋百里参与军事,两人才疏于往来,但感情却日益深厚。这次,蒋百里利用公务之便,来美国探望钱学森,也是尽一尽朋友之谊。

蒋百里把来自中国的报纸递给钱学森,钱学森兴奋地接过来:"啊哈!报纸!我好久没有看到过中国字了!"

他兴奋地看着,当看到中国革命已经有了转机的时候,他激动地跳了起来。房间里充满着这个年轻人响亮的声音:中国,中国,我爱你!我永远爱你!

蒋百里夫妇也被钱学森逗乐了。他们多高兴啊,当年的那个调皮的小男孩如今已经长大了,而且成了满腹经纶的留学生。这对常年在国际上行走的夫妇对钱学森充满了希望。

那一天,钱学森向蒋百里倾吐了心中的理想,他希望伯父能帮助他说服父亲。

其实蒋百里在心中,早已喜欢上了这个可爱的孩子,他决定回国后劝解好友,支持钱学森!

果然,没过多久,钱学森就收到了父亲的来信:

"……为父从前误解了你,你的选择是对的,希望你努力学习,为父支持你……"

钱学森太高兴了,他感觉自己仿佛是一只将要展翅高飞的雄鹰,那广阔的科学天地正等待着他去搏击,去翱翔!

4. 拜师学艺

有了父亲的支持,钱学森再没有什么顾虑了,这个孝顺的小伙子仿佛平添了一股力量,没日没夜地钻在实验室里。那些厚厚的书本被他的手一遍一遍翻过,原来崭新的书页被他在上面画满了红杠杠、蓝杠杠。他像一个巧手的裁剪师,在书本上剪下一段段构想。

古根海姆实验室屋前栽着一棵美丽的芙蓉树,每到初夏的时候,芙蓉花开满了枝头,那火红的花朵随风摇曳着,偶尔会有一两朵忽忽悠悠落到钱学森学习的案头。

钱学森多么想走出实验室啊。他奔放的性格需要宣泄和发挥,他真想跑到山上或海边,大声地呼喊一阵,忘情地跑上一圈。

可是善于约束自己的钱学森没有这样做,他觉得一个有作为的人就应该是一个善于约束自己的人,他不能像有些美国青年一样,放开了去郊游,去跳舞,去和女朋友约会,这一切都不应该属于钱学森。他要的是美国的技术,而非生活方式,因为他有他的使命。

窗外的芙蓉树开了又谢,谢了又开。钱学森埋着头,弓着腰,奋笔疾书。他面前山一样的资料让他一本一本地读完,又一本一本地写出读书笔记,他用心血写出的笔记几乎挡住了窗外的光线。因为长时间伏案苦读,钱学森在那一时期,经常忍受着腰痛的折磨。

每天18个小时的学习时间,使钱学森成了古根海姆实验室的一道风景。他如饥似渴、废寝忘食的精神让其他同学十分吃惊,都说他疯了。他那黑了一圈的眼睛,瘦了一圈的小脸,长长的头发和乱草似的胡须,被实验溅出的火花烧焦的工作服……他简直对实验太狂热了,几乎没有停下来的时候,他的中餐和晚餐几乎也都是站着吃完的。

冯·卡门也被他的学生感动了。看着钱学森忙碌的身影,这个一向以幽默风趣闻名的老教授也不禁心疼起来:

"学森,我们休息一下吧。"

"老师,这个实验做完后怎么样?"说这话的时候,钱学森仍然没有停止他手中的活儿。

好学又勤奋的钱学森很快从冯·卡门手下的几个学生中脱颖而出。冯·卡门特别赞赏钱学森的学习精神和学习方法,这个世界级力学大师经常和钱学森一起探讨比较难懂的问题,总让钱学森巧妙的思维和敏锐的洞察力化解,这使冯·卡门倍感欣慰:

"是密斯特钱给了我灵感!"

他总是以匈牙利人那种豪爽的性格和幽默的手势把他的得意弟子介绍给大家。

钱学森超人的智慧和惊人的记忆力使冯·卡门感觉到这是一个不可多得的旷世奇才,他不再把钱学森当成一个自己的学生,而是当成可以与之切磋、交流的同事,他要把钱学森培养成和自己一样的世界级大师。

两个人的密切配合迅速提高了古根海姆实验室的实验速度,他们一个做实验,一个速记实验结果;一个查资料,一个核对记录。他们经常会因太过于投入而把对方的头发烧焦,这时候实验室里便会发出一串爽朗的笑声,然后又是一片寂静。

加州理工学院的师生们都看出了这对师生不平常的关系。有的教授在背后小声地提醒冯·卡门:"那样可不像一个教授。"

这时候,冯·卡门就会微笑着说:"在钱学森面前,我不是教授而是同学!"

人们有时会在半夜一两点听到古根海姆实验室里发出的声音,那是冯·卡门的声音,一种激动的、带有明显匈牙利口音的喊声。他们的实验又成功了一次!两人在实验室里大叫着,把桌子拍得嘭嘭直响,上面的实验仪器都会跟着跳舞。两人拥抱着,长长的胡须交织在一起,冯·卡门还激动地跳起了匈牙利舞。

他们是那样高兴,几个月的密切合作使两个人没有了距离,而成功的喜悦又使两个人像个孩子。冯·卡门跳到高兴处,会随手从桌子上拿起一只实验用的烧杯,就那么空着和钱学森手中的烧瓶轻轻一碰,两个人佯装一饮而尽。

实验成功,使冯·卡门又写出了一篇在力学界颇具影响的论文,在这篇论文的题目下面,钱学森的名字和冯·卡门的名字并列在一起,这也是钱学森第一次和自己的导师合作写出的一篇著名的论文,他们的名字从此就再没有分开过。

冯·卡门太喜欢这个来自中国的小伙子了,钱学森也被老师的这种爱才惜才的高尚品质所感动。他们不但在实验室里是合作的伙伴,在生活中也成了亲密的朋友。

周末,冯·卡门经常邀请钱学森去他的家里做客。

冯·卡门的家是由他的妹妹帮忙操持的。这个 55 岁的教授,为了科学一辈子没有结婚,他的妹妹也没有。他觉得像他这样一个热爱科学的人是不宜有女人在身边的,而他的妹妹却太爱她的哥哥,而甘心牺牲自己的幸福,一辈子照顾这个疯狂的科学家。

第一次去老师的家,钱学森就被家中那种温馨的气氛吸引了,这两个匈牙利人都那么开朗幽默。尽管冯·卡门只在美国定居了两年多,但由于妹妹的操持,家里还是颇有家的味道的。那些可爱的小摆设,稀奇古怪的闹钟,还有漂亮的地毯,使钱学森漂泊的心倍感安宁。

看到钱学森羡慕的眼神,老师的妹妹就会开玩笑地说:"给你介绍个朋友怎么样？她会给你一个更美的家。"

这时候，冯·卡门就会训斥妹妹，说搞科学的人是不结婚的，即使要结婚，也应该是中年以后！

大家听完都会哈哈大笑，这两个独身主义者竟希望钱学森加入他们的队伍，这样他们的力量会更强大。每次提到这个问题，钱学森都会涨红了脸。

在老师的家里，钱学森体会着家的感觉。每次，主人都会殷勤地招待他，做最好的奶酪，炸最美味的薯条。有时候，还试着烧几样从书上学来的中国菜让钱学森解馋。

这时候，钱学森就想祖国，想北京的家，想父母，想那可口的中国饭菜！他多么想回到那个飘满浓郁菜香的家中啊！

钱学森和他的导师之间密切的关系，使他成了加州理工学院引人注目的人物。人们都在议论这个神秘的人，而钱学森却不以为意，他依旧每天去古根海姆实验室，每天和冯·卡门导师研究新的问题。

在钱学森的协助下，冯·卡门发表了几百篇精辟而又有见地的论文，这使其他教授非常羡慕。

一次，卓越的理论家、物理系教授保罗·爱泼斯坦遇上冯·卡门，深表赞许地说：

"你的学生钱学森有时在我的班上听课，他才华横溢。"

听到赞美钱学森的话，冯·卡门脸上笑开了花：

"是的，他极优秀。"

"请你告诉我，"爱泼斯坦先生眨眨他的小眼睛，诙谐地问，"你是否觉得他有犹太血统？"

冯·卡门教授听到这句话，犹豫了一下，因为在当时人们的认识里，犹太人是最聪明的民族，他本人就是犹太人。

"不，世界上最聪明的民族有两个，一个是匈牙利，一个是中国，他是中国人！"

每次提及钱学森的国籍，冯·卡门都会自豪地告诉他的同事：中国人是智慧的民族！

钱学森也深深感谢他的导师，在他的导师的帮助下，他已完全甩掉了当初从麻省理工学院出来时的那种灰暗的心理。

在跟冯·卡门一起工作的时候，钱学森也感到了知识的缺乏。他渴望像老师那样博学，像老师那样在科学的天地里游刃有余。但是，艰深的理论常让他裹足不前，他感觉到了困难。

钱学森把他的困惑向冯·卡门教授讲了出来。谁知教授却哈哈大笑："后生可畏，后生可畏。我今年已55岁，而你只有25岁，我比你大整整30岁，30年的学习肯定会有所收获，如果你要和我一样的话，你可要准备好吃苦哟！"

在上海，钱学森学的是机械工程专业，到了麻省理工学院，又学航空专业，现在，他又研究力学，这其中虽有联系，但终归不是一回事。钱学森决定，用最短的时间，弥补这中间的差距，他要把力学的基础功课全部补回来!

他发了疯似的研究那些艰深的课程,先是现代数学、偏微分方程、原子物理等基础学科,然后是空气动力学、相对论,他查遍了所有的文献,他奋斗的足迹踏遍了帕萨迪纳的各个地方。

经卡门教授的同意,钱学森参加了好几位教授所讲的基础课。每次听课,他都第一个到场,把预先准备好的问题写在本子上,认真地听老师讲解。每次下课,他几乎都能满意而归。有时候,他也会追着老师问个不停,他常常到教室里空无一人才离去。

他发达的大脑每天都在高速运行。朋友们都为钱学森的身体担心,因为他们看到钱学森本来就不胖的脸变得更瘦了;卡门教授也关切地叮嘱钱学森要注意身体,但是钱学森每次都微微一笑:我能挺得住!

人们经常看到钱学森夹着一大摞书本奔跑在各教室之间,他一天要听四五位教授的课,而且晚上还要赶写这几门功课的作业。他把自己压到了极限,他要用意志来挑战困难,他从来不相信有学不会的东西。

钱学森开始整夜整夜地不睡觉,他飞速转动的大脑已经停不下来了。有时候,他也想躺下休息一下,但一闭上眼睛,白天学的那些公式就会像电影一样在脑子里放映,白天看的内容历历在目,他太兴奋了。学习的劲头一上来,他一定会从床上跳起来,还没来得及穿好衣服,就又被书中的内容迷住了。

他这样忘乎所以地学习,终于有一天,他病倒了,严重的高烧使他躺在了床上。尽管脸烧得通红,嘴唇由于发烧而长满了血泡,但坚强的钱学森仍没放下手中的书。

他半倚在自己的床上,因为身上冷得厉害,他把屋子里所有的被子和衣服全都盖在了身上。他躺在被子里的身体不住地打战,牙齿咯咯直响。枕边卡门教授借给他的书还翻开着,他已看了一多半了,他想今天把它看完,明天还有卡门教授的课呢。

可是这讨厌的高烧使钱学森觉得眼前似一团云雾在飘。他不能集中精力,大脑里似乎什么也没有,什么都想不起来,昔日那么熟悉的东西此时怎么总也记不起呢?钱学森急坏了,浑身酸痛的感觉使他连一页书也翻不动。他痛苦极了,内心的焦虑和身体的病痛使他昏了过去。严重的高热袭击着这个坚强的人,这次这个倔强的人好像再也挺不住了。

他歪倒在床上,手中的书掉在了地上。

迷迷糊糊之中,钱学森仿佛看到了自己的妈妈,那黑黑的头发已经发白,那曾经圆润的脸颊也长满了皱纹。妈妈倚在自家的门口,眼睛期望地看着他。钱学森高兴极了,他想奔向妈妈,可是双腿却怎么也迈不动。那是爸爸,爸爸在向自己招手呢,他口中说着什么,可为什么都听不见?

妈——儿子想您啊,多想回家看看您啊,您的腰痛病好了吗？还有爸爸,我真想再坐在您老身边,让您再给我讲讲太空的故事。

钱学森迷迷糊糊感觉到有人在往他嘴里喂东西,是妈妈,那是妈妈的手,妈妈! 您终于来看儿子了,我想您啊!

钱学森哭了,他像个孩子似的,眼泪从眼里流了下来。

冯·卡门教授也流泪了,他心疼地抚摸着钱学森发烫的额头,一遍一遍责怪自己。旁边他的妹妹正忙着给钱学森喂饭,钱学森已经两天滴水不进了,在昏迷中,那一声声的"妈妈",让这个一向开朗的女人也不禁伤心起来。

这兄妹两人努力地试着一切可以退烧的办法,他们在心中不停地祈祷,希望仁慈的上帝能帮助这个勤奋的孩子。

这样过了三天,钱学森才从昏迷中醒来。他睁开沉重的眼皮,首先看到的是教授那双熬出血丝的眼,他又哭了。他趴在卡门的怀里,仿佛是在自己温暖的家。

经过这次生病,钱学森更加尊敬他的导师——冯·卡门先生,冯·卡门也把他与钱学森的师生关系更拉近了一步。他像父亲一样照顾钱学森的生活,给他安排每天的生活,使钱学森不再忍受饥饿和病痛的折磨。

这种特殊的突击学习方式,使钱学森的理论基础有了突飞猛进的提高,那些往常不理解的问题,现在他都会一一解答,钱学森笑谈这是"三年出货法",有时还和卡门老师开玩笑:"我的三年差不多能顶你的三十年了!"

冯·卡门教授也不得不承认,经过这三年的刻苦攻读,钱学森在某些方面的确已经超过了自己。

有了这些"看家本领",钱学森在学术研究上更加大胆了。他经常参加卡门老师举办的学术研讨会,与会的都是当时非常著名的教授。

钱学森在这种讨论会上学到了许多知识,这也是卡门老师培养他的一种方式。

一次,冯·卡门老师要钱学森作一个学术报告,钱学森欣然同意,他兴致勃勃地在台前讲完,打算下去的时候,一位教授向他提出了不同的见解,可是钱学森觉得这位教授讲得并不对,于是,他马上慷慨陈词,毫不留情地指出了教授的错误论点。

会场出现了尴尬局面,大家面面相觑,只有冯·卡门在一旁笑个不停。

会议结束后,钱学森问冯·卡门他讲得对不对,教授没有直接回答他:"你知道刚才给你提意见的是谁? 他是当代力学权威冯·米塞斯!"

钱学森也被自己的大胆和实事求是逗乐了,他跟着卡门一起哈哈大笑起来。

钱学森在这种浓郁的学术氛围中,不断地学习,不断地拼搏,终于在1939年如愿以偿地站在了当时理论力学的最前沿。

冯·卡门亲手向钱学森颁发了一枚只奖给勤奋学生的金奖章。

5. 火箭吸引力

钱学森在加州理工学院学习期间,经常听到他所在的古根海姆实验大楼的二楼有很强烈的爆炸声,钱学森几次问他的导师冯·卡门先生那是怎么回事,卡门都只笑不答,还让钱学森安心实验。

有一次钱学森看见冯·卡门导师从那里面出来,身上穿的白色工作服上,出现了被烧焦的小洞洞。

钱学森的好奇心萌发了。

在一次实验间歇,钱学森忍不住问了冯·卡门导师,导师听后又是一阵大笑:"那也是我的一个实验室!"

钱学森更好奇了,他请求跟随冯·卡门去那里看一看。冯·卡门犹豫了一下,最后还是答应了他的请求。

走上二楼,钱学森被眼前的景物吓住了。

哇!好大的房间啊,那么多灯,那么多金属架子,还有到处堆放的木块、铁块、钢条,这里简直是一个建筑工地!

钱学森左一脚右一脚地跟在卡门后面,那些挡在道上的钢条险些扎破了他的裤子。他们好不容易来到一个比较宽敞的空地,那里也是乱七八糟地堆满了瓶瓶罐罐。中间一张桌子上摆放的各种精密仪器,才让人略略感觉这儿好像是一个实验室。

几个年轻人看到冯·卡门老师,纷纷停下手中的活,上前向老师问好,表情非常尊敬,而卡门也热情地询问着一些情况,时不时拿起他们的实验记录看一看。

钱学森一声不响地跟在冯·卡门后面,他的脑子里闪现出了许多问号,看到他们的实验报告,聪明的钱学森领悟出了一点点。

这是一个火箭研究小组。从冯·卡门口中,钱学森听到了这个奇怪的词。

好奇的钱学森被这个神秘的叫作火箭的东西迷住了,他经常在空闲的时候,去那里看一看,那几个年轻人边忙手中的活儿,边和钱学森说话,钱学森也会帮助他们拿一拿东西,或帮着记录一些数据。

很快,钱学森便和他们混熟了,他也从中体会到了快乐。那是从来没有过的,带有诱惑性的快乐。

钱学森在一次会议之后,把自己的想法告诉了卡门,他想参加火箭研究小组。

经过认真考虑,冯·卡门同意了钱学森的要求,钱学森真是太高兴了。

弗兰克·马利纳是这个火箭研究小组的组长,这个 30 岁左右的年轻人是加州理工学院航空系的学生,和他在一起的,还有另外三个同学。

钱学森的加入使这个小组的成员非常高兴,因为他们早就耳闻了钱学森的大名。当然,钱学森的可爱、幽默、虚心、刻苦更让他们喜欢,马利纳总是说钱学森是一个让美国人吃惊的中国人,一个带有神秘色彩的挑战性极强的亚洲人。

钱学森很快地就和他们打成一片了。

火箭研究工作是危险而有趣的,这种刺激性极强的工作,经常让这五个年轻人忘记了一切。

这种具有挑战性的工作,确实让钱学森着迷,他和马利纳在一起,常常会因为一个小小的分歧而争吵得面红耳赤,又会因为一次实验成功而拥抱在一起。他们在一起做一些艰难的实验工作,经常把衣服和头发都烧焦了,脸上经常沾满爆炸扬起的灰尘。

在这门学科面前,冯·卡门老师也只是个尝试者。他经常在钱学森的追问下无奈地摊摊手,这更激发了钱学森求知的欲望。他跑遍了洛杉矶的图书馆,查阅了不计其数的资料。这个新兴学科仿佛是一个充满诱惑力的黑洞,让人充满了遐想。钱学森决心突破它、征服它。

由于当时的人们根本不知道什么叫火箭,所以这五个人的力量是那么单薄,他们需要经济支持和人力的帮助,可是,谁会向一个不知底细的实验投资呢?

钱学森和马利纳决定扩大这个研究的影响。钱学森在加州理工学院的大路上立了一块木牌,上面写着:

尊敬的先生们:

请伸出您慷慨的手,援助一个需要扶持的学科!

火箭试验小组

但是,这个举动并没有为他们带来好运,人们仍然牢牢抓着自己的钱袋,不肯向他们施舍一个美分!

一次意外的机会,使火箭研究小组得到了第一笔捐助——1000 美元。

1937 年 4 月,马利纳在古根海姆实验室的研究会上,报告了他们五个人一年来的工作情况。内容有钱学森进行的火箭发动机喷管扩散角对推力影响的计算,马利纳对火箭发动机的一些实验结果的分析等,没想到当时在物理实验室当助教的阿诺德在听过他们的报告后,看到火箭技术的前景,主动要求成为火箭研究小组的一名摄影师,并捐助 1000 美元。

马利纳和钱学森听到这个消息,真是太高兴了,他们急不可待地把这 1000 美元取回来,马上投入了实验。

没有人相信,这个火箭研究小组在得到这 1000 美元之前是怎样运行的。没有经费，他们只能硬着头皮搞研究，从废品库和一些企业的垃圾堆里拣回用得着的材料来充当火箭原料；没有钱买实验用品，他们就把每个人的生活费捐出来，而自己每天只啃一个面包，喝几口水。

现在，有了 1000 美元的经费，这个五人小组可以大张旗鼓地干了吧？不行！他们又面临着更严峻的挑战。

当初，火箭研究小组是在学院的古根海姆大楼进行的。由于经验不足，经常把大楼搞得乌烟瘴气，气味难闻，浓烟常常把大楼搞得像个引爆中心，许多白发苍苍的老教授由于受不了这种环境而纷纷提出上诉。

出于对冯·卡门教授的尊敬，院长罗伯特·米利根先生没有批评他们，而是要求他们搬出大楼，到一个与实验室建筑一角相连的无人使用的水泥平台上工作。

即使是搬离了古根海姆大楼，火箭研究小组也没有让那里更安静些，那些实验用的火箭经常闹出一些可怕的笑话。

一次，他们用二氧化氮做氧化剂，小火箭发动机像个铅球一样挂在实验室摆锤一端，摆锤的另一端系在三楼的天花板上。按照钱学森他们的设计，发动机点火后，摆锤会摇摆起来，这摇摆量便是发动机的推动力，谁知由于点火装置不良，把一个定位装置高高地抛起，并深深地打入到墙壁里。这一事故，使大楼充满了有味气体，弥漫的灰尘覆盖了整个大楼。

学院炸开了锅,师生们纷纷抗议,要求学院给他们人身保障,并把"火箭俱乐部"更名为"自杀俱乐部"。

随着实验次数的增多,危险程度也就越来越大,在全院师生的一致反对下,校长不得不通知冯·卡门教授,停止实验。

为此,钱学森愤愤地说:"岂有此理!这简直是不准练习唱歌的人开口嘛!"

不过,他们很快在帕萨迪纳西边的阿洛约赛克找到了一块地方。理论研究在安静的校园里做,而危险的爆炸实验则在这里做,因为这里只有野兔才会受到惊吓。

这一年,钱学森和马利纳提出了建造小型火箭发动机实验站的建议,被冯·卡门正式批准了。

这年冬天,两人还在《航空科学杂志》上发表了题为《探空火箭飞行分析》的论文,在社会上引起了巨大反响。

钱学森和马利纳的友谊也在这种艰难的跋涉中建立起来了,并且成了永远的朋友。

6. 战争的需要

1938 年冬,反对纳粹德国的"战争"打响了。美国上下一片响应,人民纷纷举起正义的大旗。

钱学森在结束了三年的研究生学习之后,取得了博士学位,并留在了加州理工学院任教。他仍然像以前一样，尊敬地称呼冯·卡门为老师，这时候，他们已经完全是同事关系了，钱学森的声望仅在卡门之下。

在这段时间里，钱学森一如既往地钻研着他深爱的航空技术。他是那样努力地创造着奇迹，不断有新成就诞生出来。著名的卡门－钱公式就是在这一时期诞生的。他们的名字也出现在了《航空科学杂志》上。

因为战争的需要，钱学森和马利纳的火箭研究小组有了些变动。其他的三个人已经离开了加州，去了德国战场。钱学森和马利纳也从当初的对火箭发动机的研究转变成与战争有关的科学研究。他们像两个参战的战士，夜以继日地工作着，他们从战争角度去考虑他们的研究是不是实用，那些在战场上浴血奋战的战士和横尸遍野的战场，无不时时敲打着钱学森的心。

这个善良的人恨透了纳粹德国，是他们使原来安静的校园失去了平静，人们因战争而变得难以度日。钱学森在考虑着一个问题，这个问题令钱学森彻夜难眠。

终于，1943 年，美国军方委托钱学森进行用火箭发动机推进导弹的研究。

这时候，钱学森脑海中那个神秘天使才探出了脑袋，万道霞光照亮了钱学森的心田，那美丽的色彩点燃了昔日被封闭的灵感。

马利纳在这个时候，给了钱学森巨大的支持，他们又像从前一样亲密地合作着。他们在荒郊找到了实验用的房子，那是美国军方替他们买来的。这对亲密的战友像美国军方的宝贝一样，被奉为上宾，因为他们研究的是美国人民急需的东西。

　　在这片人迹罕至的地方，钱学森和马利纳紧张地工作着，他们把需要的所有材料和书籍全部运了过来，两人没想到昔日的研究如今倒派上了用场。他们每天除了工作，只有两三个小时的睡觉时间。

　　因为是军事行动，他们两人被军方严格地控制了起来。所需物品均由军方代为提供，不管他们要求多高，都会被军方全部接受，但只有一条，不许与外界接触。

　　这个条件对于钱学森来说并不算什么，因为他早已习惯了这种生活，可对马利纳就不同了，他有父母，有妻子儿女，他不忍在战争时期离开他们，他沮丧极了。

　　为了排遣苦闷和寂寞，钱学森把他多年珍藏的唱片拿了出来，让军方带来了一部电唱机，在夜深人静的时候，这部电唱机不知给了他们多少安慰和鼓舞。

　　他们经常听洛杉矶交响乐团的演奏唱片，他们甚至能听出来哪种声音是哪个人演奏的。他们就在这"硝烟弥漫"的实验室里，慢慢地品味着那种音乐神韵。

　　音乐使他们忘记了孤独和劳累，也使他们更渴望和平和安宁。他们每天都在心中默默地祈祷，愿他们的实验早日成功，去拯救在战争中饱受折磨的人们。

钱学森和马利纳在这荒无人烟的地方，再也不怕有谁会站出来阻止他们了。他们大胆地实验着，巨大的轰鸣声经常使宁静的深夜沸腾起来，冲天的火光照着钱学森兴奋的脸。尽管每次实验掀起的漫天的尘土都会把他们的小屋蒙上一层，这两个人还是会高兴地跳起来，用他们头上的帽子去擦拭每一件物品。

在进行了无数次实验之后，1943年11月，钱学森和马利纳提交了一份报告：《远程火箭的评论和初步分析》。在这篇论文里，钱学森对远距离火箭导弹的几种可能性进行了分析，并且说："比陆军使用的射程更远、爆炸载荷能力更大的火箭，是完全可以造出来的。"

这篇论文引起了军方的注意，冯·卡门老师也积极支持钱学森。不久，美国陆军军械署便下达了命令，希望加州理工学院着手这方面的研究。

这时候，第二次世界大战正进行得如火如荼，德国战场已经有了转机，美国军队正如破竹之势向前推进。战争期待着新技术的诞生。接到军方的命令，钱学森、冯·卡门及马利纳便投入到了艰苦的工作中。

他们在实验室前用钢筋水泥垒了一个高高的台子，装上实验用的按钮，钱学森在那上面实验各种仪器的精确性。这种实验是精密而严格的,有好几次,钱学森为了获得最精确的数据,由于太专心于演算,险些从高台上摔下来。

钱学森和马利纳为了能争取更好的实验设备和提高实验效率,他们向陆军军械署递交了一份计划书,要求加州理工学院的喷气推进实验室能给予帮助。这个要求被全部接受了。

冥冥之中,钱学森觉得他离他的理想越来越近了。他忘记了因为长期弯腰工作而带来的严重的腰痛,忘记了野外工作条件的恶劣,忘记了长途颠簸的痛苦,他一次又一次地记录着他的实验结果,写满数据的纸张占满了他休息的小床。

钱学森意识到导弹在国防建设中日益增长着的重要性,他奔走在五角大楼和加州理工学院之间,希望美国政府能设立一个可以称之为"喷气式武器部"的新机构,这种机构能给美国带来国防战线上的威望和地位。

钱学森也许没有想到,他现在所做的一切具有多么重大的意义,美国的火箭事业正从他的一张张演算纸和一份份报告表中诞生出来。他以自己的热情和勤奋努力地耕耘着,他建议成立的"喷气式实验室"正在全速运转。

在欧洲战场,美国军队正遭受着德军的狂轰滥炸,许多士兵在没有看清敌人的情况下就被炸死了,严峻的形势使美国军方更加注意钱学森的研究,他们动用了相当多的人力和财力,希望钱学森能造出使美军得以胜利的武器。

1944 年 6 月,正在纽约休养的冯·卡门被当时美国陆军航空兵司令阿诺德将军召见,秘密会见是在阿诺德的私人汽车里进行的。这位西点军校出身的高级军官挺直他敦实的身体,极其严肃地告诉冯·卡门:"美国必将胜利,希望您组织一批专家制订出美国空军在未来二三十年,甚至五十年的发展计划!"

这是一个多么光荣而艰巨的任务啊,冯·卡门首先想到的就是钱学森,他在给钱学森发出的邀请信中这样写道:

"作为加州理工学院火箭研究小组的元老,曾在二次大战期间对美国的火箭研究做出过重大贡献的人,你没有理由不接受我的邀请!"

于是,钱学森又一次担负起了重要使命,他在这个火箭组担任主任职务。

在 36 名专家组成的科学顾问团里,钱学森被大家视为可以信赖的人,他依然敏锐明亮的眼睛常常让正处于迷途的伙伴倍感安心。他总是在实验处于万分危急的时候,给大家吃上一颗定心丸。他对于这个顾问团太重要了,每天早晨,顾问团的实验室门前都会围上一群人,人们纷纷把昨晚不得其解的问题提给钱学森。大家七嘴八舌地问,钱学森则有条不紊地回答。在一片紧张的对答声中,开始他们一天的工作。

正当顾问团忙于他们的发展计划的时候,第二次世界大战接近尾声,这使千千万万个美国人激动万分,母亲可以重新见到儿子,妻子可以再次拥有丈夫。人们欢呼着,全国一片沸腾。

美国陆军航空兵司令部也接到了战争行将结束的消息,将军们无不为他们赢得的胜利而高兴。但是,在阿诺德将军的心中,他还想赢得另一场的战争——先进技术之战!

这位高瞻远瞩的将军命令冯·卡门博士:火速开进德国,把德国的先进导弹成果和技术专家接收过来!

无疑,这是发展美国空间武器的一条可取的捷径。

再看这群文质彬彬的专家吧,他们被美国军方授予了各种各样的军衔,穿上了只有前线的战士才穿的军装,沉重的头盔使许多老专家几乎不敢晃头。

钱学森也被美国军方授予了上校军衔。穿着威武异常的军装,34 岁的钱学森成了这支特殊队伍里的特殊人物,那耀眼的金星在他坚实的肩上闪动着。

顾问团乘坐 C-54 型飞机,飞越崇山峻岭,跨过万水千山,来到了硝烟弥漫的德国,这支队伍要去攫取最有价值的军事科技技术。

钱学森跟随冯·卡门来到了德国不伦瑞克附近的一片松林里。在这里,有一个德国空军的秘密研究中心。这个由纳粹头子戈林直接领导的研究基地好大啊。钱学森好不容易才弄清这个由 56 幢建筑组成的机构哪个是研究导弹的,哪个是研究飞机引擎的。

走进茂密的丛林里，钱学森几乎找不到东西南北。他时不时地用望远镜望望那个象征不伦瑞克的标志物，他的衣服被浓密的树枝挂得东一片西一条，他的手和脸上也流出了鲜血，同行的还有另外两名专家，他们早已放弃了这次侦察，坐在了一个比较宽阔的地方休息去了。

钱学森用衣服上的布条包扎一下自己的手和脖子，用力折了根树枝，艰难地向前走着，他相信，越是在人迹罕至的地方，越有最珍贵的东西。

果然，在一个悬崖下面，钱学森发现了一个专门研究火箭的军事基地，这里的人们早已逃走，巨大的火箭发射塔孤零零地矗立在那里。看到这熟悉的塔台，钱学森兴奋极了，他考察了那里的所有设备，分析了他们的技术成果。在一个大房子里，他看到了足有 300 万份的研究报告和 1500 吨重的实验设备。

钱学森仿佛看到了一座金光闪闪的宝藏，他发了疯似的抄写着那些难得的数据，成堆的纸张把他围在中间。这些数据都是经过数万次的试验才得出来的，钱学森深知这些资料的珍贵。

接着，这个顾问团又前往其他地方考察，一路上他们有了许多惊人的发现，使钱学森的心灵受到了震动，德国的火箭技术已远远超出了美国。

从德国回来，钱学森写了一份报告——《我们在何处》，他用数据对比了德、美两国的技术差距，并提出了研究 6000 英里射程火箭的可靠思路。

钱学森开阔的眼界和敏锐的洞察力使他深受美国军方的喜爱,在第二次世界大战结束之时,钱学森被美国军方称为"做出巨大的无法估价的贡献的人",受到了美国陆军航空兵司令阿诺德将军的通令嘉奖。

这个被认为是"帮助美国成为世界第一流军事强国的科学家,银河中一颗明亮的星"的"关键人物",一时声名鹊起。

7. 感受爱情

众所周知的勤奋和辉煌的成就使钱学森受到了全美人民的欢迎,他的名字被人们写在巨大的广告牌上,各大院校纷纷向他发出邀请,希望这个年轻的火箭专家能亲临他们的学校。

麻省理工学院也发出了这样的邀请,1947 年 2 月,钱学森回到了麻省理工学院,并被授予教授的职务。

麻省理工学院对于这个曾在这里学习过的外国青年给予了最优厚的待遇:每月 1500 美元的工资,还有一套相当漂亮的两层小楼。

36 岁的钱学森在这里感受到了充分的自由,他可以自由出入任何一个实验室,可以动用学院任何一台实验仪器,可以挑选他喜欢的研究生做他的学生,而被选中的学生都以能听到他的授课而深感荣幸。

钱学森体会到了成功的喜悦,体会到了一个男人的成就感。但他并没有止步不前,他每天仍然第一个跨进实验室,在他的学生到来之前,先把和冯·卡门老师一起搞的课题做一遍。

他和冯·卡门老师还担任着空军顾问的职务,这就使这对亲密的战友仍有机会在一起工作,有机会去美国的各个军事设施参观,和老师在一起这是钱学森最高兴的事情了。

夏季的一天,钱学森收到了一封来自祖国的信件,信是父亲写来的:

"……你的母亲几日前已去世,临去时常念及你的名字,今为父尚在,望有生之年能再见你一面……"

信中的字字句句重重敲打着钱学森的心,他躺在床上,一幕幕儿时的回忆涌向他,泪水在他的脸上流成了小河。

第二天,他向学院打了报告便登上了回国的飞机,他要回家看望他的父亲。

12 年了,这是第一次回家,他买了那么多的礼物,以至于把他的皮包都要撑破了。他想象着父亲见到他的样子,想象着亲朋好友的模样,他激动得心里怦怦直跳。

飞机缓缓降落在上海的龙华机场,阔别 12 年,钱学森已经认不出当年的上海了。

他机械地走在欢迎人群的中间,各种各样的声音充斥着他的耳鼓,他渴望马上回到家中。

在家里,钱学森见到了少年时的朋友、世伯蒋百里的三女儿——蒋英,一个曾在德国学习音乐专业的留学生。

那天,蒋英穿了件淡蓝色的无袖旗袍,秀美的长发披在她柔美的肩上,她秀气的眼睛闪着调皮的光芒,已经27岁的她跟钱学森说话的语气仍然像十几年前一样。

"学森大哥,你给我讲讲你的经历嘛!"

"有什么好讲的,不跟你在德国一样吗?孤苦伶仃的。"

钱学森也仿佛回到了从前,面对这个少年时的小伙伴,36岁的他心中掠过一种久违的感觉。

蒋英的出现使钱学森寂寞的心稍稍有了些安慰。回国后看到的满目疮痍本已使钱学森心灰意冷,是蒋英常常陪伴他,解除了他不少的烦恼。因为两人都有留学的经历,所以他们常常有说不完的话题。

他们在一起讲德国的建筑,讲维也纳的音乐,也讲美国的曼哈顿,反正只要是他们看到的,感受到的,都那么迫切地想告诉对方,每天,蒋英都会在深夜目送钱学森离开她的小屋,每次姑娘都会感到依依不舍。

钱学森也感受到了从未体验过的感情,他知道,那就是爱,他爱上了蒋英姑娘。每天早晨,从他一睁眼的那一刻,他就急切地想见到她。蒋英的一笑一颦使钱学森魂牵梦萦,这个可爱的姑娘给了他太多的关心和快乐,他从来没有像喜欢蒋英那样喜欢一个人,也从来没有像渴望蒋英那样渴望和谁在一起,他告诉自己:我爱上了她!

他们的身影也常常出现在郊外。那里没有吵闹的人群,没有军队和枪声,蒋英愉快地在田埂上跳来跳去,通红的脸庞那样娇艳动人,银铃般的笑声洒在宁静的田野上,钱学森则假装睡觉,又突然像老鹰捉小鸡似的抓住蒋英,两人愉快的嬉闹声在田野里回荡……

他们的举动没有逃过钱均夫的眼睛,这个60多岁的老人太高兴了,在一个晴朗的天气里,老人说出了他心中的愿望:

"我希望你能和蒋英成婚!"

听到父亲的话,钱学森感觉他整个身体都要沸腾了。这不正是自己要向父亲请求的吗?天哪!父亲太理解他的儿子了!钱学森兴奋地转了个圈,然后一路笑声地跑了出去,他要把这个消息告诉蒋英,因为爱已经不能把他们分开了。

蒋英几乎不相信她的耳朵,当钱学森第三次告诉她要和她结婚时,这个感情丰富的姑娘激动地扑到了钱学森的怀里,蒋英没想到他们的爱是那么顺利,竟在她还没有做好准备的时候突然而至。她太幸福了,她甜蜜地趴在钱学森的肩头,点点泪花打湿了钱学森的脸颊。

这对甜蜜的恋人终于在一个风和日丽的早晨,迎来了人生最幸福的一刻。这一天,蒋英和钱学森不知说了多少感谢父亲的话,他们的脸因为太多的微笑几乎要僵住了。蒋英因为人们不停地祝福使她漂亮的旗袍沾满了酒气;钱学森更是不胜酒力,被朋友们灌得睡倒在大厅里。

人们纷纷称赞着这桩美满的婚姻,男女般配的结局让亲朋好友很满意,大家嘴里说着吉祥的话,夸赞着钱均夫的好福气,一时间,钱学森和蒋英成了当地的新闻人物。

钱学森在婚后不久,便筹划着回美国的事。国内的局面使他忧心忡忡,他无法在国内施展他的才华,他决定再去美国搞研究。

朋友们听到这个消息,纷纷来劝钱学森留下,但是钱学森拒绝了,他的理想还没有完全实现,他要继续深造,等祖国安宁的那一天,再回来报效祖国。

钱学森带着他心爱的妻子——蒋英,离开了中国,再一次向那个带给他梦想的国度飞去。

这次的旅途,钱学森快乐极了,身旁温柔漂亮的新娘使他们的旅程充实而愉快。

学院里刮起了一阵喜悦的旋风,人们奔走相告,许多学生和老师听说钱学森带来了一位中国妻子,都惊奇地奔向他们的小楼。

在离麻省理工学院不远的地方,钱学森租了一套两层的小楼,这里安静,空气新鲜,正适合二人世界。这座已经很旧的房子被他们装饰得极为漂亮,蒋英更是展示了她的本领,在墙上、门上,甚至屋顶上都挂满了充满西部特色的装饰布,柔软的地毯静静地躺在他们的脚下,伴着轻柔的音乐,他们感到十分幸福。

蒋英的到来,使钱学森的生活发生了巨大的变化。每天清晨,人们都会看到蒋英起得很早,去牛奶站帮钱学森打牛奶。她匆忙的脚步让每一个遇到她的人都感动,因为在美国,极少有这样贤惠又漂亮的女人为了丈夫起这么早。

家庭的美满,妻子的体贴,使钱学森相信他是世界上最幸福的人。看着妻子为他做的蛋糕、可口的沙拉,钱学森真是幸福极了。幸福的日子最容易溜走,但钱学森没有在幸福中迷醉,他决心在最短的时间内,学习更尖端的技术,因为他预感到他的祖国不久即将迎来和平,他要在新中国成立之后,回国完成自己的心愿。

1948 年前后,钱学森被中国留美学者们推举为全美中国工程师学会的会长,人们都尊敬地叫他钱博士。

白天繁重的公务使钱学森更觉得时间紧迫,于是他把漫长的夜晚当作了最好的学习时间。

这一时期,钱学森对核能发动机产生了兴趣。

1949 年 9 月,钱学森从麻省理工学院转到了加州理工学院,他觉得加州理工学院对核能的研究条件比麻省理工学院要优越一些,他要利用一切可利用的条件,攻克一个又一个的难关。

加州理工学院,多么熟悉的地方啊,钱学森看着古根海姆实验室,看着那棵陪伴他多年的芙蓉树,他心中涌起万般柔情,还有冯·卡门老师,又可以和您在一起工作了!

钱学森信心倍增,在这个给他荣誉的地方,不到一年,他就写出了第一篇关于核动力火箭技术的论文。

这篇论文,在之后的十年,成了这个领域里的一篇经典之作。

这个阶段,是钱学森最幸福的时候,他的两个孩子先后出生。家庭的和睦,事业的成功,使钱学森体会到了生活的乐趣,他经常忙里偷闲为蒋英分担一些家务。为了钱学森的工作,蒋英牺牲得太多了。为了丈夫和孩子,这个有着良好家教的女人放弃了一切她喜爱的社交活动。

六

"钱学森对我们来说太重要了，无论如何不能让他走，他知道得也太多了，他无论走到哪里，都抵得上五个师！"

"我宁可把这家伙毙了，也决不让他离开美国。"

1. 羁留

就在钱学森在科学的大道上飞步向前的时候，他心爱的祖国也迎来了黎明。1949 年 10 月 1 日，中华人民共和国成立了。

这是多么振奋人心的消息啊，钱学森得知这一消息的时候，正在一个会议上。他当即与他两侧的朋友拥抱庆贺，他激动的脸上流着眼泪，话语也变得有些语无伦次。在场的学者纷纷鼓掌祝贺他，也为钱学森的爱国之心而感动。

钱学森等不及把会开完，便快步走出了会场。他实在无法控制自己，他要把这个消息尽快告诉他的妻子和朋友们！

大街上，早有中国留学生和一些华侨在庆祝。他们手举着鲜艳的五星红旗，个个脸上如盛开的鲜花，燃放的焰火几乎把整个天空映红了。他们笑啊，跳啊，互相说着祝福的话。这些长期漂泊异邦的游子，仿佛要在这一刻把多年来对祖国的思念，对亲人的牵挂，一并爆发出来。他们高喊着："祖国，我们爱你！中国，我亲爱的妈妈！"

钱学森也沉浸在这种巨大的幸福中，他一次又一次抹去脸上喜悦的泪花，却一次又一次地泪流满面。

中秋之夜，在加州理工学院对面的一个街心花园里，钱学森夫妇和几位中国留学生正在聚会，他们要在这个月圆之夜，为祖国的中秋节干杯。

举杯庆贺，许多人流泪了。以前，许多美国人看不起他们，说他们是无家可归的人，是没娘的孩子。异国他乡，寄人篱下，其中的痛苦，这些留学生最有感触。如今，祖国解放了，到处充满了明媚的阳光，再也不会有人说他们没有妈妈了，大家多高兴啊！

有的人跳起了舞，有的人扭起了东北大秧歌，有的人唱起了民间小调，欢声笑语在街心花园里流淌。他们在用泪水和欢笑为自己祖国的诞生祝福，小小的花园成了他们最好的舞台！

在这次聚会中，钱学森向同胞们提出了请求，他说："如今，祖国解放了，我们也学业有成了，我们应该把自己的力量用在自己的祖国建设上。现在,祖国刚刚起步,一定非常需要人才,我希望大家在适当的时候,能回国效力!"

他说出了大家的心里话,大家都有一个强烈的愿望:早日回到祖国,用自己的力量建设祖国。

朋友们都散了,钱学森夫妇仍不想离开,他俩静静地坐在草地上。皓月当空,青草清新,空气里流动着秋的气息,蒋英温柔地靠在钱学森的肩膀上,温柔弥漫了整个街心花园。大洋彼岸我可亲可爱的祖国啊,您的儿女多么想马上回到您身边,为您工作,为您奉献……

从这一天起,钱学森就在等待回国的时机。

钱学森仍潜心做他的研究,他好像充了电似的,每天早出晚归,兢兢业业。他知道,美国的科学技术还有许多没完全学到手,他希望在他回国之前,能最大限度地掌握这里的高新科技,以备回国后使用。

1950 年,刚刚过完春节的钱学森走在美国纽约的大道上。下过雪的天空洁净湛蓝,空气清新异常。刚才在会议上发表的演说,使这位中国科学家非常兴奋,他深深地吸了口湿润的空气,刚才那如雷般的掌声又响在耳边。

在这次会议上,钱学森宣读了他的一篇关于火箭和导弹速度的论文。钱学森站在会议中心的发言台上,台下坐满了教授、主任们。

"我指的这种火箭,每小时能飞射 1 万英里,不仅是一种可能的事情,而且现在已经接近完成这个阶段,无论在理论上和实践上,都已经有了极大的进展……"

钱学森低头看看下面的听众,怕他们不理解,顺手拿起一截粉笔,在题板上画了一支带有一双小翅膀的铅笔。他指着这支铅笔说:

"未来的能够飞射 1 万英里的火箭或导弹就是这个样子,它长约 90 英尺,全身重量和特种混合燃料加在一起,预计有 5 吨。它可以凭借这种燃料,发射速度达到每小时 9700 英里……"

钱学森的这一论断在当时被称为"惊人的火箭理论"。钱学森的报告结束不久,纽约等城市的一些报刊就已经在纷纷报道了,还把钱学森的大幅照片印了上去,甚至还出版了一些有关他设计的火箭的连环画。

钱学森的劳动为他赢得了上百万的金钱。但是,朋友们全都知道,钱学森夫妇从来不存钱,而是用这些钱买来一摞一摞的书。每当有人问他,钱学森总是神秘地一笑:"书才是我最需要的!"

就像沙漠里突然刮起的旋风,美国一时间被一种恐怖的阴影罩住了,美国当局推行"麦卡锡反共政策",只要是和共产党有牵连的人,全都被抓走了,有的被砍头,有的被关起来,许多外国人都在他们的追查之列。

宁静的加州理工学院一时也变得混乱起来。大家脸上都挂着紧张，只要谁提起"麦卡锡"三个字，人们都会吓得面如土色，有许多外籍教授因为说不清某个问题，被恶魔般的"麦卡锡"军队带走了。一时间，弄得学院一片慌乱，学生也无法上课。

　　坏消息不断传到钱学森耳朵里，1936年到1939年期间曾在火箭研究小组的人不断遭到迫害。蒋英非常害怕，因为这恰恰是钱学森在火箭研究小组的时间。

　　终于有一天，美国联邦调查局的人闯入了钱学森的实验室，他们不问青红皂白，就要带走钱学森，被钱学森的同事们挡住了：

　　"为什么要抓他？"

　　"因为他是共产党！"

　　"你们胡说，钱博士是著名的火箭专家，他不是共产党！"

　　"抓的就是搞火箭的人！"

　　几个人粗暴生硬地说着。他们不等钱学森说话，就把他推进了一辆小黑车里。钱学森此时还穿着工作服，他气极了，愤怒的眼睛怒视着这几个不讲道理的家伙。

　　到了一个戒备森严的军事基地，他们才让钱学森从小黑车上下来。在一个审讯室里，这些可恶的家伙像审问犯人一样审问钱学森：

　　"你认识一个叫西德尼·槐因包姆的人吗？"

钱学森没有说话,他高傲的心灵从来没有受过如此恶劣的折磨。

"你不说,那就是你默认了。"

一个长相凶恶的家伙蹲到钱学森面前:"我们知道,你曾经给他介绍过工作,并且还去过他家里,说,你们干过些什么?"

钱学森被他的话激怒了,他愤怒地从椅子上站起来,说:"你们不讲法律! 这是个民主的国家,你们凭什么抓我? 难道帮助别人也是错吗? 你们不讲道理!"

没想到那个人哈哈大笑起来:

"法律? 民主? 哈哈哈……法律是为我们服务的。你们这些外国佬,偷偷潜入我们国家,还讲什么民主! 说不说,如果你不说,就把你投进监狱去,让你在监狱里享受民主吧,哈哈哈……"

钱学森痛苦极了,他不能出卖朋友,良好的教育和教养使这个正直的人拒绝了联邦调查局的无理要求。

因此,他被剥夺了喷气推进研究的权利,从此,他不能再进行火箭研究了。

善良的钱学森没有想到,他热爱的工作会这样毫无理由地被他们剥夺,从前的一切真像梦一样,难道生活就这样突然失去光彩了吗?

每天夜晚,钱学森眼望天边的点点繁星和那一弯淡淡的月亮,一种强烈的思乡之情就会涌上心头,也许越是失落越会想家吧,钱学森真想生出一双翅膀,飞回祖国。这个地方,真是一刻也不想待了,没有了研究的权利,生活还有什么意思?不让搞科学实验,待在这个地方还有什么意义?

钱学森越想越难过,眼泪从他眼角轻轻滑下。

就在这个最难过的时候,钱学森又收到了妹妹的来信,信中说父亲要动手术,希望哥哥能帮忙拿主意。

钱学森急了,要么让我搞研究,要么让我离开这里,他像一个勇士,气冲冲地走进海军师长丹尼尔·金布尔的办公室。

"为什么要剥夺我的研究权利?"钱学森怒目圆睁,他豁出去了,"不让我研究,我就回国!"

"什么?"金布尔从椅子上蹦了起来,他的眼睛瞪得很大,仿佛看到了一个外星人。

钱学森气愤地把美国当局对他的不公正待遇告诉了他,最后要求金布尔能帮助他。

金布尔为难了。

怎么办呢?让他重新搞火箭研究?金布尔没有这么大的权力。那么让他回国?金布尔看看眼前的钱学森,这个满脑子装着美国军事机密,著名的火箭理论专家,让这样珍贵的科学家回到红色中国,那不是放虎归山吗?

不,不能让他回去!

金布尔满脸堆笑地劝解钱学森，试图能缓和一下紧张的气氛。

但钱学森去意已定，看金布尔无计可施，他果断地离开了金布尔的办公室。

这可把金布尔急坏了，他赶紧往联邦调查局拨电话：

"钱学森对我们来说太重要了，无论如何不能让他走，他知道得也太多了，他无论走到哪里，都抵得上五个师。"

最后，这个道貌岸然的美国高级军官终于藏不住他的丑恶嘴脸："我宁可把这家伙毙了，也决不让他离开美国！"

钱学森从大楼出来，已经感到厄运就要降临了，他顾不得和昔日熟悉的伙伴打招呼，急匆匆跑回了家里。

家里早有蒋英准备好的两只箱子，两个孩子正在妈妈的呵护下愉快地玩耍，钱学森来不及向蒋英解释，一家四口急急忙忙地奔向机场。但是，联邦调查局的人早已等在了那里。

他们交给钱学森一份移民局的文件，称他违反了美国的法律，不能回国。

钱学森气得脸色发白。站在机场，这个坚强的科学家险些摔倒。看着已经徐徐起飞的飞机，钱学森和蒋英不禁相拥而泣。

随后是无休无止的传唤，美国当局找不到钱学森的罪证，就诬陷说他已装上驳船的书籍里有机密文件，看着那些粗野的士兵搜查那堆重达800公斤的书籍、笔记，钱学森伤心极了。

他不明白自己将生命中最美好的 20 年奉献给的这个国家，今天为何如此残酷地对待他。但是，钱学森的厄运才刚刚开始。

2. 恐怖的特米那

钱学森做梦也没有想到，他们竟在他家的门前安排了两个哨兵，一天二十四小时监视钱学森的活动，还在深夜闯入他的房间，搜查他的卧室。原来这个四口之家多么幸福啊，可是现在，他们好像生活在地狱一样。一听见门外有动静，蒋英就会紧紧地把她的两个孩子搂在怀里，嘴里不住地说："不要害怕，不要害怕！"

美国当局几乎把这个家折腾得失去了生机，钱学森也明显憔悴了。他从前干净整洁的脸上长满了胡须，头发也长得像乱草堆。这个仪表严肃的人已无心修饰自己，他的心受到了伤害，巨大的委屈和愤怒埋在他的心里。那些曾经引起他巨大兴趣的研究现在也被他丢在了一边，这个不幸的人对生活几乎失去了信心。

1950 年 9 月，美国当局又以"企图运输秘密文件"和"不受欢迎的异己分子"的罪名，把钱学森从家中抓走了。

蒋英抱着两个幼小的孩子，目睹着丈夫被抓走，心都要碎了。她哭喊着丈夫的名字，孩子们也吓得大哭起来，这个家庭笼罩在可怕的阴影中。

为了获得自由，钱学森在移民局的拘留所向美国当局提出了诉讼，他不相信在法制的社会里没有正义。在冷冰冰的铁窗内，这个执着的人用三个小时写了一张诉讼状，他要请律师，要用法律维护自己的权益。

一位叫格兰特·库珀的律师接受了钱学森的请求。他是钱学森的崇拜者，也是一位颇具正义感的律师，他想通过自己的努力，减轻这位著名科学家的痛苦。

开庭那天，加州理工学院的许多师生都来到了现场，钱学森的遭遇使这些人悲愤至极，他们看到被折磨得衣衫褴褛的钱学森，许多人难过得流下了泪。

在法庭上，钱学森慷慨陈词，历数了美国当局的种种卑劣行径，库珀律师也据理力争，要求还钱学森以公道。

但是，一个外国人在美国状告美国当局，这不是天方夜谭吗？正如人们预料的那样，钱学森没能胜诉，他被当成犯人押到了太平洋上一个叫特米那的小岛上。

人们完全失去了控制，他们疯狂地冲向法官，用唾沫和帽子砸向这个是非不分的家伙，嘴里吼道："这到底是为什么？"

这群失望的人眼巴巴地看着钱学森被押上了汽车。汽车缓缓启动，在一片愤怒的抗议声中，渐渐远去了。

加州理工学院炸锅了，他们心中伟大的人物竟成了当局的阶下囚。人们受不了，纷纷谴责政府。新任院长杜布里奇亲自去华盛顿，要求释放钱学森，但是没有回音。

钱学森怀着巨大的愤怒来到了特米那，他被那里的看守像对待狗一样呼来叫去。这个从前赫赫有名的科学家，此时却被看作一个十恶不赦的囚犯，关在一个只关重犯的小黑屋里。

这个小黑屋只有两三平方米，四面没有窗户，只有一盏电灯和一扇极窄的门，屋里没有床，湿气一直浸到墙壁上，特米那的9月闷热潮湿，这个小黑屋根本无法住人。但是，看守硬是把钱学森塞进来，"咣"地锁上了门。

钱学森就在这里开始了他痛苦的经历。

地面潮湿，许多热带小虫子像集会一样聚集在钱学森的脚下，蚂蚁、蜘蛛、潮气虫儿全都顺着他的裤子向上爬，本来就心力交瘁的钱学森被这些可恶的虫子搞得坐立不安。这一天，他是在恐怖、愤怒中度过的。

到了晚上，也许虫子也要睡觉吧，钱学森觉得安静了一些。他半靠着墙壁，坐在地上迷迷糊糊地睡了过去。几天来精神的紧张和恶劣的环境使他累坏了，他太需要休息了，尽管肚子很饿，但他还是睡着了。

特米那岛上的看守想着法折磨钱学森，他们看到钱学森睡着了，就马上把小黑屋里唯一的一盏电灯拧开，强烈的光线使疲惫的钱学森无法继续睡觉。可是，等钱学森清醒过来，他们再把灯拧灭。这样反反复复，每十几分钟，他们就把灯拧开一次，让钱学森一会儿也睡不了。

没几天工夫，钱学森就被折磨得没了人形，体重减轻许多，满脸的污垢使他看起来像个乞丐，他蜷缩在小黑屋的一角，浑身爬满了蚂蚁和虫子。他曾经明亮睿智的眼睛此时却暗淡无光，那宽大的额头也不再饱满，凌乱的头发胡乱地垂在他的脸上，钱学森开始大把大把地掉头发，腿和脚也开始水肿。

就在钱学森在特米那岛受煎熬的时候，加州理工学院没有放弃营救他，杜布里奇院长给正在欧洲出差的冯·卡门发了一份特急电报，上写：

"密斯特钱遭厄运，速来援救！"

接到这份电报，冯·卡门连夜登上了飞往洛杉矶的客机，他被这个突然而至的坏消息吓住了。他的学生，他的亲密伙伴，他最亲爱的钱学森怎么了？巨大的疑问和惊惧使冯·卡门要马上赶回美国，马上见到钱学森！

一踏进加州理工学院，冯·卡门就被学校的师生包围了。人们向他诉说着钱学森的遭遇，杜布里奇院长也讲了营救钱学森的方案。冯·卡门还没有来得及进他的家门就直奔华盛顿，气愤点燃了这个 70 岁老人的怒火，他通红着脸闯进了移民局局长的办公室，将学院征集来的 1.5 万美元的保释金放在了这位局长的办公桌上。

移民局在人们的强大压力下，不得不释放了钱学森。

钱学森在特米那岛关押了 15 天后，终于被放了出来。当冯·卡门看到因饥饿和痛苦而脱了形的钱学森时，不禁失声痛哭，老人一遍又一遍说着一句话："孩子，你受苦了，我来得太晚了！"

钱学森被众人抬着回到了加州，在他被摧残得已失去热情的心里，隐隐泛起了一阵阵的感动。这个刚强的人躺在担架上，看着他亲爱的老师和同学们，流下了感激的泪水。

回到加州的日子仅仅是没有了饥饿和可怕的虫子，那些游荡在钱学森家外的鬼魂一样的人仍然困扰着他。他们监视他，不许他离开洛杉矶，甚至送儿子上幼儿园也会被人跟踪……

钱学森多次向移民局提出抗议，要求撤走那些可恶的监视人员，可是得到的答复却是当天夜里的一次大搜捕。他的办公室和住宅成了任何人都可以去的"公共场所"，他的信件和电话也成了任何人都可以看可以听的"公共消息"，甚至朋友们因为给他打一个电话也遭到移民局的无休止的盘问。

这一切，让钱学森受够了！他诅咒这"文明民主"的国家，诅咒自己怎么来这样的国家生活学习！

为了减少他带给朋友们的麻烦，钱学森断绝了和许多人的来往，忍痛离开了他曾深爱过的老师和同学，住到了一个偏僻的地方。

尽管他不断地搬家，仍然甩不掉那些苍蝇一样死盯他的人。他的办公室总有几个前来捣乱的坏蛋，每次钱学森都用最难听的话，毫不客气地把他们撵走。钱学森早已没有了当初的包容和忍耐，他已看透了一切，他渴望着能尽快离开这里，回到祖国的怀抱。

与此同时，钱学森的祖国——中国也得知了钱学森的不幸遭遇，愤怒的国人走上街头抗议美国的无理行径，要求立即释放钱学森，还钱学森以自由。

南京、广州、北京……成千上万的中国百姓走上街头，喊着"反对法西斯暴行"的口号，人们气愤地指责美国政府的丑恶行径，人们发泄着心头的怒气和对钱学森的同情。

来自祖国的支持使钱学森万分感动，在漫漫长夜里，唯有来自祖国的消息才能点燃他眼中的光芒。他盼望着有一天能获得自由，他会不顾一切扑向祖国母亲的怀抱！

3.《工程控制论》

苦难就像一块甩不掉的橡皮糖，死死地粘住了钱学森，越是想获得自由，自由越远离他。

从太平洋上那个噩梦一样的小岛上回来，钱学森就没逃离过移民局的监视，蒋英在家里也没能摆脱监视人员的纠缠。那些人在屋里乱搜乱拿,蒋英常常怀抱吓得缩成一团的两个孩子躲在厚厚的窗帘后面,她不希望孩子们看到那一幕幕可怕的情景。

为了避免他们在她家里乱翻乱找,她干脆把家中所有的柜子、箱子全都清理干净,把不用的衣物全部送了朋友。她和丈夫早就商量好了,只要有机会,就离开这个鬼地方。

经过几个月的观察,钱学森渐渐看出了美国当局的用意。为了使钱学森淡忘那些军事机密,他们不让他参加任何研究,为了使这些高新技术不流入中国,他们阻止他回国一直到这些技术过时为止。

钱学森是不会屈服的,他默默地开始了向另一个高度迈进。为了转移美国当局的注意力,他放弃了他深爱的导弹研究,转而研究起了工程控制。

在这种条件下搞研究,困难是不言而喻的。那些监视他的黑衣人一看到钱学森进了实验室,就马上在门口吵吵闹闹,有时候甚至闯进屋子没事找事,把钱学森放得整整齐齐的实验用具搞得乱七八糟。

每当这时,钱学森就会强忍怒气,把被搞得七零八落的仪器放回原位,拨通电话,让学院保安把这些人轰走。他无心和这些人周旋,他告诫自己要沉下心,不能再在这种无聊的事情上浪费时间了。

可是,这些人并没有停止对他的骚扰,看到钱学森书房里的灯亮了,他们就把他家的电线剪断;看到钱学森在学校专心研究,他们就把他的研究资料偷走;深更半夜,正当钱学森要休息的时候,这些人又突然闯进来,说要例行检查……

每当钱学森为此感到痛苦的时候,蒋英就默默地起身拿来毛巾,帮丈夫擦拭着愤怒的泪水,一双泪汪汪的眼睛看着钱学森。

"学森,不要难过,他们越是不让你搞研究,我们越得把它搞成,我们不能输! 以后,你只管在卧室学习,我和孩子搬到客厅,我不相信他们会闹出人命来!"

蒋英坚定的话语给了钱学森莫大的信心。可是……他真的不忍心让爱妻受苦啊,看着妻子坚定的眼神,钱学森受到了极大的鼓舞。

从此,他们共同的卧室就成了钱学森学习的阵地。衣柜里、床上、地上、桌子上、椅子上处处堆放着从学院拿回来的资料和仪器,钱学森在这个不足 15 平方米的小屋里,艰难地研究着一个全新的课题——工程控制论。

黑衣人看不到钱学森的影子,几次闯进钱学森的家,都被蒋英挡在了外面。为了丈夫的安静,蒋英用最狠毒的话骂他们,用大木棒打他们。这个昔日文静高贵的夫人完全变成了一个随时战斗的刺猬,只要有人来打扰她的丈夫,她就毫不客气地把他们赶走。

那些黑衣人在蒋英面前胆怯了,再也不敢进那个小院,只在附近转一转就无聊地走开了。

钱学森在卧室里学习,蒋英则几乎包揽了全家的一切家务,照料两个孩子、洗衣、做饭、买菜、购物,家里的一切都是她一个人干。有一次钱学森实在不忍心再让因劳累患病的爱妻干下去了,他提出为妻子请保姆,却被蒋英拒绝了。

"那样对你的工作不利。我不需要,我能行。"

钱学森庆幸自己拥有这么好的妻子,一股激流涌遍全身。

他双手捧着蒋英的脸颊,坚决地说:

"英子,你是我最好的妻子和朋友,为了你,我也要把这本书写出来!"

妻子体贴入微的关爱,给了钱学森战胜一切困难的勇气。

加州理工学院的马勃博士和德普利马博士给了钱学森许多有益的帮助。这两个人都曾是他的老师,他们同情钱学森的遭遇,钦佩钱学森的勇气,他们经常把有用的资料送给钱学森,给钱学森写一些建议性的话语。

虽然是一点小小的帮助,一两句支持的话语,在受难中的钱学森已经是感激不尽了,他多次在他的实验室里感谢正给他帮忙的老师们。

这个全新的学科,使钱学森冰冻的心复苏了。老师们的帮助,妻子的支持,使他很快进入了全速行驶的轨道。这个与生产过程自动化,与电子计算机,与国防问题密切相关的学科使他重新找到了自我。

他不知疲倦地写着,书稿把他的卧室占满了,他的书桌上只留下可以放一张纸的位置。他像一个突然发现金矿的淘金者一样,充满希望地工作着。隐隐约约,他仿佛看到了多年以后他在祖国的大地上指挥建设的身影。

30万字的《工程控制论》于1954年发表了。书稿完成的那天,正值妻子蒋英的生日,钱学森兴奋地从卧室跑出来,激动地抱起正弯腰做饭的妻子。他转呀笑呀,两人瘫倒在地板上,儿子永刚、女儿永真也加入到他们中间。笑声、叫声把他们许久以来积压在胸中的怨气全部发泄了出来。

钱学森望着妻子的笑脸,认真地说:"英子,这部书是在你的帮助下写成的,也是我送给你的生日礼物!"

蒋英真幸福啊,她微笑着看着她的丈夫。虽然多年以来跟着他受了不少的苦,但这一切都是值得的。她高兴地拉住钱学森的手,撒娇地说:

"那今天晚上你是不是可以陪我跳个舞? 给我过生日?"

那天晚上,钱学森家里的灯光亮了一夜。

《工程控制论》的发表,使美国科技界大为震惊,这本书的深奥和先进程度,让人叹为观止。正如有人预测的那样,这本书出版后，美国人在四五年内无人真正懂得它的内容。

的确，这本在苦难中诞生的作品，凝结了钱学森太多的心血和汗水，他把多年来积攒的知识和经验写进了这部书里。他的名字和这本书的封面一起出现在美国最畅销的报纸上，书商们寄来了订书单，人们抢购这本书，钱学森在人们心中的地位又上升了。

1956 年到 1958 年，这本书分别用俄、德、中三种语言再版了三次，人们深深地为这本书所倾倒，美国各地向钱学森发出了邀请，请他为狂热的人们发表演说。

但是，钱学森拒绝了所有的邀请，钱学森日夜期盼的，仍是回到自己亲爱的祖国！

如今，他的《工程控制论》可以证明他的研究方向已经离开了核能和火箭，离开了美国当局密切关注的机密领域，他多么希望美国当局能马上放他回国啊！

1954 年 9 月，在加州理工学院留学的中国留学生郑哲敏来到钱学森的家中，他是专程前来向老师辞行的。明天，他就要回国了。

钱学森看着心爱的学生就要回国了，他心中为他高兴。他亲自下厨房做了一只北京烤鸭，请郑哲敏品尝，并特别叮嘱他："回国后，一定要宣传两件事，一是运筹学，二是力学在国民经济中的作用……"

当晚,钱学森躺在床上,怎么也睡不着,他还在想争取回国的事。自己脱离美国国家机密工作已经四五年了,兴许美国当局会改变他们当初的决定。

第二天,钱学森又去了移民局,再一次争取回国的权利。

可是,从移民局出来,钱学森又泄气了,移民局仍然坚持他们的原则,不许钱学森离开洛杉矶。钱学森难过地走在回家的路上,街上如潮的人流冲击着他,他感觉自己好像一枚小小的石子,要在这人流中沉下去了似的,前面的路是那样渺茫……

4. 一封特别的家书

1955 年 6 月的一天,刚刚从移民局交涉回来的钱学森坐在桌前,正在给父亲写信:

"……我日日奔走于移民局,争求释放权利,但效果不大,今夹寄一短信,请交给陈叔通世伯,希望得到帮助……"

陈叔通是钱家的故旧世交,如今已是全国人民代表大会常务委员会副委员长,钱学森想通过他来解救自己。

大洋彼岸的父亲接到儿子的来信,昏花的双眼闪动着泪花,双手颤抖地抚摸着儿子的笔迹。70 多岁高龄的钱均夫为儿子的困境难过不已。他马上托人把信转交到了陈叔通那里。

接到信的陈叔通老人,深深地被信上的内容所震惊,他没想到自己国家的科学家会在美国遭受如此非人的待遇,也为钱学森的拳拳爱国心所感动,他用手一遍遍捋着胡须,两眼盯着信上的一字一句。怎么办?怎样解救我们的科学家?

陈叔通老人感觉到了这封信的重要,也许,这是一位科学家唯一的一封向祖国求救的信件,表达回归祖国的愿望,我要帮助他!

这位老人一点儿也没有耽误,就把信转交到了周恩来总理的手里。

1954 年 4 月 26 日,周恩来曾率领着中国代表团在日内瓦进行着一场重要的谈判,其中重要的一项就是关于平民回国的问题。

当中国代表团秘书长王炳南在谈判桌上郑重指出美国正阻挠一批旅美华人回国时,美国代表约翰逊故作无奈地耸耸肩:

"不不不!你错了,我们从未阻挠过任何一个贵国学生回国,您没有证据!"

是的,当时国内虽然到处有反对美国监视钱学森的呼声,但没有一个可以作为证明的证据。谈判是需要证据的,王炳南气愤地瞪着扬扬得意的约翰逊,一句话也说不出来。

现在,钱学森的求救信就躺在周恩来的几案上。周恩来沉思着,不住地在房间里踱着步,然后快步走向电话,激动得手指几次拨错了电话号码。

"炳南……好消息! 钱学森来信了……马上进行第八轮谈判!"

王炳南秘书长也高兴啊,终于有了证据了,铁证如山,看你们狡猾的美国人怎么抵赖!

"贵国政府不是早在4月间就发表公告了吗? 为什么中国科学家钱学森博士6月间还在向中国政府求救呢? 请贵大使给予解释!"

谈判一开始,王炳南就把钱学森的信放在了约翰逊的面前。

这时,约翰逊又想出了另一个借口:

"在朝鲜战争期间,我们政府曾发布命令,凡在美国受过像火箭、原子能以及武器设计教育的中国人,不准离开美国。因为他们的才能可能被利用来反对在朝鲜的联合国武装部队。"

这真是最卑鄙的行径!

王炳南气极了,他在谈判桌上对美国的无理表示极大的不满,但约翰逊却不生气,他傲慢地离开了谈判桌,丝毫没有抱歉的意思。

谈判又一次陷入了僵局。怎么办? 一边是中国建设急需的技术人才,一边是无法回国的焦急的钱学森。周恩来的眉头紧皱着,他从脑海中搜索着可以用来谈判的资料,可是,一无所获。

1955年7月31日,按照中国的法律程序,美国在朝鲜战场上被俘虏的11名飞行员被提前释放。当这个消息传到周恩来耳朵里的时候,他明亮深邃的眼睛里闪出了惊喜的目光。

8月1日下午4时,中美两国大使的第十八次会谈开始了。

"大使先生:在我们开始讨论之前,我奉命通知您下述消息。中国政府已于7月31日提前释放了美国的11名飞行员,估计于8月4日可以到达香港,我希望,中国政府采取的这个措施,将对我们的会谈起到有利的推动作用!"

狡猾的约翰逊被王炳南的一席话镇住了,他听出了言外之意:如果不放钱学森,中国会在香港重新逮捕那11名飞行员,因为他们的释放日期并没有到。

这个肥胖得几乎成圆形的美国大使使劲地拉了拉脖子上的领带,压抑的气氛使他喘不过气来。时间一分一秒地过去,房间里有一种可怕的安静,中美双方十几个人都把眼光投向这个焦躁的美国大使身上。

"请允许我请示我国政府,对不起!"

约翰逊擦着满头的汗退出谈判席,几个随从也纷纷尾随而出。

8月4日,美国加州的钱学森正在实验室指导他的学生,他接到移民局的电话,不耐烦地拿起听筒:

"对,我是钱学森!"

对移民局的例行盘问,他早厌倦透了,这次,他又想把电话挂断。

"你从今天开始,可以离开美国了,命令从 8 月 4 日生效。"

电话那头,传出了不可思议的声音。

钱学森好像没有听清似的,当他听到电话里第二次的传话时,他几乎不相信这一切是真的!

但这的确是真的,8 月 4 日美国当局从香港接到他们的 11 名飞行员的时候,就已经决定释放钱学森了。

终于获准回国了! 钱学森立时感受到一种巨大的轻松感涌遍全身。

他呆呆地站在那里,他的学生上前询问他时,钱学森才如梦方醒。

"我可以回国了!"

钱学森兴奋地向他的学生宣布,激动的泪水在他的眼中打转。同学们也为他们的老师高兴,大家高兴地托起了钱学森,把他高高抛起,实验室里一片欢腾。

钱学森回到家里,急切地推开了房门。

妻子蒋英和两个孩子都在家里,钱学森掩饰不住心中的喜悦,把移民局放行的消息告诉了蒋英。

啊! 这真是天大的喜讯。蒋英高兴极了,孩子们互相拥抱着,全家人沉浸在巨大的幸福和欢乐中。

接着是紧张的准备,蒋英把家中的家具全部送给了钱学森的朋友们,把自己亲手栽种的花草一盆一盆送给左邻右舍,大家欢声笑语地互相告别着。尽管分别是那样难以割舍,但大家都为钱学森终于获得了自由而高兴,朋友们都擦着眼泪来为这一家中国人送行,钱学森一一拥抱在他最困难的时候给他无私帮助的朋友,分别的痛苦和回家的喜悦交织在他的心中。1955 年 9 月 17 日,钱学森在朋友们的依依惜别中,离开了生活了 20 年的美国。

5.永别了,美国

蓝丝绸一般的波浪在"克利夫兰总统号"轮船船头飞溅着。钱学森、夫人蒋英以及两个可爱的孩子凭栏而望。码头送行的人们还依稀可见,那些朋友告别的声音仿佛还响在耳边,闻风而动的记者们的可笑的提问仍在钱学森的脑子里盘旋。

再见,美国。不,永别了,美国。

钱学森在心中这样想,这次回国,他永远不会再回来了。

他们回到三等客舱里(由于来不及买头等舱的票,急切想回家的钱学森只好买了剩下的三等客舱的票),这里大部分是和他一样被美国滞留的中国留学生,大家看到著名的火箭专家钱学森来到了这里,纷纷起立欢迎,他们早就崇拜这位著名的人物,现在,他就在自己身边,大家多么激动啊!

钱学森微笑着和大家一一认识,当他得知有许多都是从事

数学研究工作的同行时,他开心极了,兴致勃勃地和他们讨论祖国的建设问题:

"祖国正需要你们这样的人才,回去一定要多做贡献啊!"

他还跟大家介绍国内的发展情况,希望这些常年在外的同志尽快了解祖国,这些情况都是他在各种报纸和信件中获知的。

晚上,大家东倒西歪地睡着了,因为三等舱只有座位,没有床,所以大家都互相依靠着小睡一会儿。钱学森没有睡,他安顿好蒋英和两个孩子,自己靠在一张条椅背上,开始看他的一篇论文,祖国的建设装在他心里,他哪里睡得着啊!他在心里盘算着,回去后第一步干什么,第二步干什么,他多么想马上开始工作,早日实现报效祖国的愿望啊。

巨大的波浪声不断地敲击着钱学森的心扉,20年学得的科学技术,就要有它的用武之地了,祖国母亲正在召唤!

轮船上的旅客大多数是中国的留学生。在起程的第三天,大家就组成了一个"同学会",并印制了一份《克利夫兰轮第六十次航行归国同学录》,钱学森的名字被列在了首位。大家在甲板上围坐在一起,畅谈回国后的理想,憧憬着光明的未来。1955年10月1日,对仍航行在太平洋上的这些中国留学生来说,多么有意义啊,那天,钱学森在众人的一致推选下,作了一次激动人心的讲话。

钱学森郑重地整了整发皱的上衣,长途颠簸使他脸上略显疲惫，但高涨的情绪又使他神采飞扬，他看了看同学们精心制作的一面五星红旗，动情地说：

"亲爱的同学们，今天，是我们中华人民共和国成立的第六个生日。这是一个振奋人心的日子。以前，我们遭受非法拘禁，无法为她增光添彩。如今，我们回来了，马上就要回到她温暖的怀抱。我们一定加倍地工作，为使她更加富强而贡献我们的一切！……"

他脸上挂满幸福的微笑，他那深情而又激扬的声音伴随着波涛声传向了远方。那里，有他的亲人，他的同胞，有他日思夜想的祖国大地，这个中国人民的优秀儿子大声地高喊着："祖国，妈妈，儿子已经回来了！"

轮船在太平洋上航行了近 20 天，在这漫长的行程中，钱学森和他的两个孩子及夫人从没离开过船舱。即使行至日本，有一天的逗留时间，钱学森也没上岸。他说：

"日本被美国占领，有美国人的地方，不安全。"

那个可怕的阴影仍时时包围着他，当有记者问他是否怨恨美国人时，钱学森平静地说：

"被狗咬了，你不能怨狗，只能怨养狗的人！"

从美国到香港，沿途每一个港口，都挤满了焦急的记者，他们都知道钱学森要回他的祖国了，人们纷纷前来一睹名人风采。

直到香港，钱学森才接受了采访，他用标准的普通话回答记

者提出的每一个问题,当一位香港记者用英语提问时,钱学森非常有礼貌地说:

"对不起,现在我要说中国话!"

他高声地说:

"我对美国人民并无怨愤,全世界的人民都是一样在谋求和平,谋求幸福。

"我会竭尽全力和中国人民一起建设国家,使中国人可以生活得幸福!"

10月8日上午11时25分,钱学森一家踏上了祖国大陆的土地!

七

祖国,就让您的儿子用他的余生为您工作吧,尽管这种工作也许会不成功,但大厦总需要第一块基石吧!

1. 妈妈,儿子回来了!

祖国的一切对钱学森和他的家人都是那样新鲜,他们的眼睛不停地转来转去,每个人眼里都装满了惊喜和满足。

中国政府早就做好了准备,钱学森的回国,丝毫不亚于一个国家领导人的到来,大批的记者和政府要员都挤在了广州火车站,小学生们手持鲜花或彩纸花环,不停地高喊:

"欢迎,欢迎,热烈欢迎!"

乐队奏起了激昂的乐曲,整个车站像过节一样,人们脸上都挂满了期盼的笑,踮起脚观望着。

钱学森走在热情的人们中间,他的手里拿着小学生赠送的鲜花和花环,他的夫人和孩子也早已被另外一群人围住了,人们不停地问一些已问了几十遍的问题。他们个个眼中流露出恭敬、羡慕的眼神,人们簇拥着他,不时发出愉快的笑声。

这时,有一个干部模样的人快步向他们走来,钱学森也急忙走上前去,原来这是当时的广东省领导陶铸同志。他们热烈地握着手,激动地拥抱着。

"我们早就盼着你们回来啊!"陶铸高兴地说。

"现在不是回来了吗?"钱学森也不无风趣地歪着头,眼睛里满是笑。

当天,中国各大报纸上报道了钱学森一家回国的照片和文章,全国所有的电台都播出了同一条新闻。人们奔走相告,即使是农村,农家的孩子也会一路小跑,站在田间地头,用手当喇叭,对着正在低头劳作的人们大声地喊:

"哎,大家知道吗? 那个有名的钱学森回来了! 是从外国回来的!"

回到北京的第二天,钱学森夫妇就带着他们的两个孩子来到了早已盼望已久的天安门广场,国庆节刚刚过去,许多鲜花和彩旗还很鲜艳,天安门似一位岁月老人,在鲜花的映衬下,更显得庄严肃穆,钱学森禁不住热泪奔涌。

"终于回来了!"

他默默地走上金水桥,桥下淙淙的河水似在轻轻地向他诉说,又好像一把梳子将他所有的烦恼梳去。这次回国,钱学森感到祖国的变化实在太大了,到处呈现的建设热情是他始料不及的,这使他躁动的心再也按捺不住了,他要参加这场战斗,他是一名战士,要在祖国建设的战斗中实现他的人生价值。

当晚,一辆黑色的吉斯轿车驶进了中南海。坐在里面的钱学森夫妇是多么激动啊,这次要见的不是别人,是他们钦佩已久的伟大人物周总理啊!

巨大的光荣感使钱学森热血澎湃,没想到自己回国,竟受到如此的礼遇。今天,又要被日理万机的周恩来总理接见。他怀着激动的心情,迈进了会客厅。

"学森,您好,欢迎您回国啊!"

刚进门,早已等候多时的周恩来总理就快步迎了上来。他像老朋友一样拥抱着钱学森,笑容绽放在他瘦削的脸上。周总理的亲切、和蔼使钱学森和蒋英忘记了来时的紧张,他们畅谈起来,笑声不时从屋内传出。

这次会见,总理向钱学森讲了祖国建设中遇到的难题,尤其是科学方面的难题。总理推心置腹的谈话和巨大的信任使钱学森感动极了,他不停地点着头,把总理交代的任务牢牢记在了脑子里。

最后,总理极其诚恳地对他说:

"祖国需要像您这样的科学家,这个担子,您一定要担起来呀!"

几天之后，在一个有着灿烂阳光的午后，伟大领袖毛主席也接见了钱学森。主席那可亲可敬的笑脸，意味深长的话语，都让钱学森永远难忘。

1955年11月，钱学森回国不足一个月，他就开始筹建中国科学院力学研究所，他要从培养科技人才开始！

但是，万事开头难。

面对台下目瞪口呆、面无表情的研究所工作人员，钱学森犯难了。

他讲的知识太玄妙了，国内的同志听都没听说过，美国和中国的差距，使踌躇满志的钱学森停住了加速的快车，他考虑了一夜，最后决定，开办补习班。

第二天，钱学森找来一块木条，用毛笔在上面写了一行字：物理力学研究班。他认真地把这块木板摆放在教室门外，他这个力学研究所的首任所长居然当起了补习班的教员。

同事们都来了，他们端坐在教室里，像是小学生。钱学森在讲台上，从力学的基础讲起，他讲得那样专注，那样通俗易懂，他把自己独到的见解毫不保留地教给了他的同事。

寒冷的冬夜，当人们躲在家中享受温暖的时候，钱学森和他的同事们还在教室认真地上课，冷风吹进钱学森的衣领，他不禁打了个寒战，同志们怕他冷，主动把身上的大衣让给他，但钱学森摇摇头：

"我不冷,这点苦算什么?比我在美国受的折磨小多了,现在我是在和自己的同胞一起学习,我的心里比任何时候都温暖!"

冬去春来,当桃花绽放的时候,这群刻苦好学的"大学生"已掌握了基础力学的内容。那一天,同志们很高兴,他们打扫着教室,互相笑闹着,明天,这个教室就要改作实验室了,他们已经"毕业"了!

钱学森没有笑,他边关已擦得亮亮的窗户,边默默地想,就这样毕业了?这个水平?不不,这样可不行,比起国际水准还差得远哩!

他脑子里又在酝酿着另一个计划——学术讲座。

每周六下午,钱学森发动大家共同讨论问题,来一个学术交流会。在这个会上,任何人都可以发言,任何人都可以讲出自己的独到见解。

大家当然热烈响应,有这么一个提高自己的好机会,怎么能不参加呢?

可是在哪儿开这个会呢?教室已改成实验室了,别的地方也不容易找得到,怎么办?大家把眼光一齐转向了钱学森。

钱学森为难了,这十几个人,去哪儿好呢?

突然,钱学森眼睛亮了,回家。对!就在自己家里。家里没有外人,两个孩子和夫人可以暂时到别的地方。只一个下午,相信他们不会责怪的。

于是，每到周末，钱学森家就会来一大批人，开始邻居们还以为他们是在开舞会，可后来发现，没有一个女同志，而且也没有音乐。这些人在客厅里边抽烟边讨论，有的写字，有的翻书，有的高声说着什么。钱学森则安静地坐在沙发上，膝头放一本书或一个本子，不时在上面写些什么。他紧锁着眉头沉思着，眼光专注地看着每一个发言者。

如果这时候有谁来他家里拜访，对不起，恕不见客！他早已在自家大门上写好了一张纸条：周六下午，恕不见客。

同志们都笑他过于认真，但钱学森却说：

"搞科学，要的就是'认真'二字！"

为了让所里所有的同志都能在学术上有所提高，钱学森还想了一个怪方法，他让每一个研究室都挂上一个小黑板，并要求小黑板上每天必须写上一个讨论题目，有时候他也会在上面写上自己的难题，让同志们一起讨论。

这个怪方法让不少人害怕。因为这个所长经常在人们休息的时候提问小黑板上的某一道题，如果答不出来，那是要挨批的。

大家都是30岁以上的人了，被所长批评，多不好意思啊！于是，大家每天最关心的就是先把小黑板上的题目弄会，这样，一天就会安心地度过了。

天长日久,这种逼大家动脑筋的方法还真起到了效果,同志们的水平提高了,大家在年终总结的时候,都一致称赞"是所长的功劳",可钱学森常常微微一笑:"没有大家的积极配合,我一个人有什么用?"

1956年的初春,一列飞驰的火车载着钱学森来到了寒风凛冽的北方城市——哈尔滨。

哈尔滨,像一个银装素裹的美少女一样欢迎着钱学森,那高耸入云的烟囱,那又大又圆的储油库,还有纵横交错的电线,排列整齐的厂房,钱学森看到了一个充满希望充满热情的城市。

钱学森兴奋极了,新中国欣欣向荣的景象让他激动不已。

负责接待钱学森的是哈尔滨军事工程学院院长——陈赓大将。这个名字,钱学森在美国的时候就有所耳闻。

现在,这位传奇人物就在面前,而且是专程从北京赶回哈尔滨接待钱学森的。

"你看,中国人能不能自己搞导弹?"

这位武将出身的院长说话也和打仗一样干脆,还没等钱学森落座,陈赓就憋不住了。

"为什么不能搞? 外国人能搞,我们中国人就不能搞? 难道中国人比外国人矮一截?"

钱学森也是脱口而出。

话刚说完,两个人不禁哈哈大笑,这不正是两个人要谈的重要问题吗？没想到两句话就解决了，两个人都为对方的坦诚而高兴，这一对军事盟友就这样结成了。

钱学森直到老年还在感慨：

"只这一问一答，竟决定了我后半生的命运！"

2. 圆梦

造导弹，增强国防，这早已是钱学森的愿望，在美国时为美国人做了那么多的贡献，如今，要为自己的国家做贡献了，钱学森心里高兴啊，再加上陈赓这个军事盟友的支持，钱学森要尽快付诸行动。他连夜和陈赓将军一起从哈尔滨回到了北京。

在中国搞导弹，这不是开玩笑吗？导弹是什么样，有人见过吗？

的确，自从答应陈赓将军同意研究导弹之后，钱学森就陷入了沉思，虽然毛泽东主席、周恩来总理，还有许许多多的领导同志都支持他，可是，关键不还是知识、技术的问题吗？

在美国，虽然研究过导弹，但真正发射成功的，还没有一次，再说美国的研究设备都是世界一流的，中国有吗？甚至一台专门的仪器都没有！

干还是不干？

钱学森一脸的凝重。我回国是为了什么，是为了贪图享受？

是为了安度余生？这不是钱学森的作风。

钱学森慢慢从沙发里站起身来。祖国，就让您的儿子用他的余生为您工作吧，尽管这种工作也许会不成功，但大厦总需要第一块基石吧！

1956年10月8日，钱学森回国一周年，北京紫竹院西南的一个僻静的小屋里，中国第一个火箭导弹研究院——国防部第五研究院的成立大会正在召开。

数十名共和国将帅一字排开，身后是156名刚刚毕业的地方大学生，他们严肃、兴奋、好奇、自信，眼睛紧盯着面前的钱学森，因为在这里，只有钱学森一个人有资格讲话，只有他一个人懂得什么是导弹！

钱学森是激动的，就像司令员在战前动员一样，他高声讲道：

"同志们，我们是白手起家，我们会遇上困难，对待困难，我们只有一个办法，认真！只要大家认真，没有攀登不上的高峰，没有克服不了的困难……导弹标志着一个国家的国防地位，我们就准备着做强大的国防背后的无名英雄吧！"

强烈的责任心使钱学森丝毫不敢懈怠，他开始忙碌起来。作为一院之长，他事必躬亲。从院址选定，设备购置，制订计划，配备人员，甚至哪个机器上的零件坏了，他也想着买来新的换上。他像一个刚刚搬进新居的家庭主妇，对家中的一切是那么关心和在意。

人们经常在尘土飞扬的工地上，看到钱学森在询问指导。他穿着和工人一样的蓝色工装，戴着黄色安全帽，不说话，还真不容易认出来。

他往来于政府办公室和研究院之间，在居委会向居民们征求各种意见。在新建成的办公楼前，他细心地种上漂亮的月季、冬青，美丽的草坪正好在人们视野所及的地方。

工程一竣工，他就开始了他的第一个计划——扫盲。

那156名大学生，他们来自祖国的各个地方，而且学的是五花八门的专业，化工、物理、纺织、文史，没有一个人学过导弹，最主要的是他们在来这里之前，根本不知道要来干什么！

"钱院长，怎么办？我们可是学纺织的呀，怎么去造导弹呢？"

有的学生沉不住气了，纷纷跑到钱学森的办公室，有的怕给学院添乱，已经准备向后转了。

钱学森早就有准备了，只见他不慌不忙地站起来，摸摸同学们的脑袋，微笑着说：

"急什么？慢慢学嘛！我也不懂，如果都像你们一样被导弹吓跑了，那咱们中国就从此不造导弹了？这么大的中国，这么优秀的文化，没有导弹，可是对不起咱们的老祖先哪！"

于是，钱学森一晃又从院长变成了班主任，他向这些迷惘的孩子讲述什么是卫星,什么是导弹,讲授什么是航天科学。钱学森丰富的知识和深奥的思想使 156 名大学生几乎沉醉了。

刚刚讲完第一课,钱学森就被同学们围住了。这些二十出头的大学生被神秘的航天技术和学富五车的钱学森迷住了。扫盲班里掀起了一阵学习的热潮。

经历了几个月的突击短训之后,156 名大学生已经初步掌握了航天技术,加上钱学森的细心指导和具体指挥,他们已经能各显神通了。

航天技术人员的考试就是要造出一个导弹。

造出一个在天空中飞翔、可以炸掉任何一样东西的导弹,这是多么激动人心的事啊!每一个航天工作者都有过这样一个梦,现在,这个梦就要实现了!

1957 年 9 月,钱学森跟随聂荣臻元帅赴苏联谈判,那是一次愉快的谈判,苏联答应在中国制造导弹的时候给予技术上的支持。

1957 年 12 月,苏联的导弹样品运到了北京,同时还来了他们的专家。

导弹研究院里像过年一样热闹起来,大家纷纷跑去看那稀奇古怪的玩意儿。那庞大的弹体,复杂的机器,同志们又好奇又紧张。这么复杂的东西,咱们能造得出来吗?

"能!"

钱学森看到大家的脸色,鼓励道:

"我们先仿制,后改进,再自行设计,他们能造,我们就能造得比他们更好!"

说着容易,做着可就难了,那么多的零件,那么多的工序,各种各样的技术工作,谁来做?总不能让他好不容易培养出来的技术人员再去工厂当工人吧?

怎么办?

钱学森把电话打到了邓小平的家里。第二天,全国各大媒体就报道了邓小平的一个批示:

技术干部的调配,应以尖端需要为重点,尽量保证,满足需要,其他项目所需要与此矛盾,应该让路!

把发展国防尖端技术视为"天字第一号任务",这真是给钱学森开了一个绿灯,几千名技术干部拥向导弹研究院,有干车工的,有干设计的,有工程师,有技术员,导弹研究院成了知识分子的集聚地。钱学森忙着给这些人分工,忙着给他们补课,大家攒足了劲,就等着大干一场呢。

但是,不幸的事情来了,正当导弹研究院里加紧工作,仿制零件,信心百倍地制造导弹的时候,苏联却单方面撕毁了合同,他们不支持中国了,要把他们的专家撤回去!

导弹研究院的人们惊呆了，钱学森惊呆了！

那一年是 1960 年！

黑云压在每个人的心头，看着正在制造的导弹零件，还在机房没有完工的机器部件，怎么办？庞大的工程，数以百万计的财产，难道就这样付之东流吗？

钱学森陷入了痛苦的抉择之中。

当晚，钱学森敲开了聂荣臻元帅家的房门。

聂帅关切地询问院里的情况，询问同志们的情绪，那种真诚的担忧和无限的期盼让钱学森欲言又止。他想，为什么遇到一点挫折就想退却？为什么自己的意志这样不坚定？难道让别的国家帮助是一件令人愉快的事吗？

钱学森不住地在心里对自己说：

"我能行，我们能成功！"

从聂帅家回来，钱学森便一头钻进他的办公室，他把几个月来跟从苏联专家学习的技术笔记从书柜里搬出来，然后，通知林爽、屠守锷等几位专家："同志们，现在，我们没有了依靠，我们要自己干！"

钱学森拍着那一摞笔记，激动地说：

"他们说我们只会做治无病之人的医生，说我们离了他们到头来连裤子也穿不上。我看不会，我们离了他们，会走得更好！"

朔风劲草的戈壁滩上，一个个帐篷搭起来了，寒风呼啸的隆冬，这群"铁一样的人"从北京搬到了这里，他们要大干一场了，每个人都憋足了劲，谁说中国人笨？我们要让全世界看看，你们撤走专家想看我们的笑话，哼，没门儿！

几千个技术人员如同奔向战场的战士，他们个个拿出看家本领，实验基地就像在进行着一场攻坚战，人人积极主动，认真负责，整个戈壁滩上不断传出隆隆的机器声。

在美国时，钱学森就是学习火箭发动机的，而且在帕萨迪纳，也曾研究过发动机，但那只不过是实验而已，从来没有动过真格的。

这次却不同了，历史使命推着钱学森必须研究出一台可以使几百吨的导弹飞上太空的导弹心脏。

这是多么艰巨而又复杂的任务啊！

自从来戈壁滩以后，钱学森便开始了忘我的工作，他的帐篷里堆满了发动机的图纸，使用过的铅笔头丢了一抽屉，他趴在桌上精描细画的影子经常映在深夜里的帐篷窗户上，他的书籍笔记放得到处都是，不管他踱到哪儿，都可以随手拿起来看。

在那些日子里，钱学森一天的睡眠时间只有三个多小时，每天他都奔忙在基地里，哪里有困难，他就会跑到哪里，一干就是一个通宵，他因长期睡眠不足而引起的"红眼病"，让每一个技术人员都为他担心。

"钱院长,您休息一下吧,您实在太累了!"

"累?你们不累吗?我是一院之长,理应比大家累一些,我的工资比大家多嘛!"

基地的同志谁不知道,钱院长把他的工资都贴进了大家的伙食里,他说:

"在这大戈壁上,要钱干什么?还是让大家吃好吃饱,我这个院长才安心啊,大家太辛苦了!"

戈壁滩的草儿青了又黄,大家的辛苦劳作唯有这里的草儿最知道,在这"平沙万里绝人烟"的地方,这群"钢铁战士"用他们的生命创造着奇迹。

1960年11月5日,寂静的戈壁滩还在沉睡,钱学森和他的部下就已经整装待发了,他们一年多的工作成绩将在今天得到验收,看着已经装上发射架的那枚熟悉的导弹,所有人的心都快要蹦了出来。

时间一分一秒地过去,技术人员个个都坐在了自己的位置上,发射控制台上的指示灯不停地明灭着,控制室里静得能听见每个人的心跳,钱学森和聂帅并排坐在一起,他的眼睛始终没离开那明灭不定的指示灯。

警报拉响了,各种车辆纷纷撤离了发射阵地,导弹发射就要开始了。

这时聂帅偷偷看了一眼钱学森,钱学森的双眼仍停留在不断变化的指示灯上,他宽大的额上青筋暴露,似有汗珠沁出,他的嘴紧紧地抿着,似乎屏住了呼吸。

聂帅理解地拍了拍钱学森的手,他也担心啊,这枚凭着顽强的毅力和超人的智慧造出的导弹,会成功吗?

上午9点2分28秒,随着一声春雷般的巨响,一股橘红色的火焰从发射架下端喷射而出,四周立刻被笼罩上了一层浓雾,拖着橘红色尾巴的火箭,就像一只受了惊吓的金凤凰,又像一个施了魔法的小精灵,在巨大的轰鸣声中,冉冉上升。它越飞越快,忽然拐了个弯,向远处飞去,蓝天上留下了一道乳白色的痕迹。

发射控制室里的人都屏住了呼吸,刚才的一幕仿佛像做梦一样,现在,一切又恢复了平静。

一分、两分、三分,时间在人们的耳鼓上敲打着,人们的脸上出现了惊愕的表情,有的人紧张得已经快要哭了。

钱学森仍严肃地坐在位子上,两眼盯着火箭消失的地方。

他在等。

四分、五分、六分,他仿佛是在世纪隧道中穿行。

"火箭命中目标!"

终于,在7分37秒的时刻,弹着区传来了这期盼已久的喜讯!

钱学森只感到自己紧缩的心脏猛地放松了下来,巨大的热流涌向了全身,一股酸涩的液体涌向他的鼻翼,涌向他的双眼。

成功了!

全基地的人都欢呼起来!山坡上,帐篷里,发射控制室里,火箭发射塔下,到处是欢腾的人群,大家笑着,哭着,互相拥抱着。他们拥向钱学森,紧紧地拥抱这位给了他们智慧与信心、快乐和成功的科学巨擘!泪水飞溅在人们的脸上,也飞溅在钱学森的脸上。

20多年的心愿终于完成了,终于用自己的智慧为祖国升起了第一枚火箭,终于为我们的祖国争得了一口气!钱学森激动极了。

这枚代号"东风1号"的火箭载着钱学森的名字,飞向了全世界!

美国人民从电台广播中获知了这个消息,加州理工学院的师生们为此欢呼了一阵。他们从古根罕姆实验室的楼顶,垂下了一条长长的字幅,上面写着:

"为我们的老师、朋友——钱学森,干杯!"

连美国的一位极重要的人物在得知这个消息后,也深感后悔地说:

"我早说过,钱学森回国不是去种苹果树!"

古稀之年的冯·卡门在听说自己的得意弟子为他的红色中国研制出了第一枚导弹的时候,高兴极了,在他给钱学森的信中写道：

"我为你而骄傲,你已超过了你的老师……"

所有的赞美并没有使钱学森飘飘然,他心里最明白,这第一枚导弹并不是中国独立造出来的,那是比葫芦画瓢画出来的。要想真正掌握火箭发射技术,还得自己干!

1962年3月2日,一枚军绿色的火箭,赫然屹立在茫茫大漠中。

这枚写着"独立自主,自力更生"字样的"争气弹",是全体航天技术人员只用1年零4个月造出来的,苏联和美国不是很厉害吗?但苏联研究出导弹用了4年多,美国用了7年多,我们中国却只用了两年多。现在,我们又研制出了一枚中程导弹,用的时间更短。

1961年,中国大地遭受了严重的自然灾害,还有人饿死在田间地头。为了造出能够扬国威的导弹,这几千个导弹技术专家在朔风肆虐的大漠里默默地工作着,他们对成功的渴望使每一个人几乎忘记了疲劳和饥饿。

对于这枚独立制造的火箭,钱学森倾注了他太多的心血。完全不靠国外技术独立完成这项任务还是第一次,钱学森真有些放心不下。

"牵动!"

"开拍!"

"点火!"

每一个口令都牵动着钱学森的神经,他聚精会神地看着矗立于大漠的"东风2号",神情专注极了。

"轰……"

导弹像一只美丽的金凤凰,从烈焰中冉冉飞升……

"成功了!"激动得顾不得掩蔽的人们从战壕中跑出来,在导弹的轰鸣声中又是扔帽子,又是扔围巾,大家纵情欢呼着。

然而,导弹这时却拐了一个弯儿,从预定轨道上偏离了出来,"嘭"的一声坠落在600米远的荒漠里……

这突如其来的情景把大家吓傻了,个个木头人一样呆呆地站着,扔出去的帽子、围巾无声地跌落在沙地上。

"卧倒!"

导弹坠地已好久了,一位部队指挥员才从噩梦中醒来,想起了这个他应该喊出的口令。

大家默默地围向那个升起蘑菇云后仍然尘埃飞扬的大深坑,这是直径足有28米的土坑,他们心爱的导弹静静地躺在那里,似一个身负重伤的老兵。同志们哭了,人们围在大深坑旁,沮丧的情绪使他们几乎承受不住了。

钱学森心里也难过极了,强烈的责任心噬咬着他,他真想狠狠地骂自己,或是痛痛快快地哭一场,但是,作为一院之长,在这种情况下,他不能那么做。

"同志们，我在美国的时候，曾写了一篇论文，一篇很重要的论文。写成时只有几页，可是我写的底稿，却装了满满一柜子……试验嘛，如果次次成功，那又何必试验呢？失败了，不要怕，只要总结经验，我们会变得更聪明！"

忍着巨大的伤心，钱学森开导着大家。他嘴上说着这些让别人开心的话，但心里，却没有原谅自己半分。他为自己难过，为祖国难过；祖国在最困难的时候，出巨资支持自己搞研究，而自己却没有交给祖国一份完满的答卷！

回到家中，钱学森几天都没有出门，他一遍一遍看着他的图纸、方案，一点一点排除可能发生问题的地方，他要搞个水落石出。

研究院里掀起了技术和思想的讨论热潮，人们不再急于求成。深刻的教训使大家学会了认真。

大家找准了思想上的问题是浮躁，那么技术上的问题是什么呢？

"怎么像林黛玉一样，有些弱不禁风嘛！"

有人想起了火箭发射时国防部第五研究院副院长王净中将的话。

对，可能是太长的问题。钱学森围绕这个疑问和大家展开了讨论。他整日奔走于各个研究小组之间，由于要加强地面试验，他参加建设地面试车台，飞扬的尘土扑打着他的脸，他要和工人们一起抢时间,使"东风2号"早日投入飞行试验!

1963年9月,导弹试车台完工!

1964年初,改进后的"东风2号"通过了导弹试车。

1964年6月29日早上7时,"东风2号"又一次矗立在了酒泉发射台!

"经与钱学森同志共商,'东风2号'中程导弹,于今晨7时5分正式发射。发射很成功!"

喜悦的电波又一次载着钱学森的名字飞进了千家万户。钱学森听着周围同志们的欢呼声,他微微笑着悄悄地离开了欢腾的人们。他要回家好好睡上一觉,他已经有好多天没有睡过一个安稳觉了。

八

一个年近 60 岁的老人,被一帮年轻的小伙子推来操去,血从他鼻腔中流出,从嘴角滴下。钱学森在人缝中仿佛看到了黑夜的无情,寒冬的严酷……

1. 真心英雄

正当人们在研究室里热火朝天地搞实验的时候,中国的许多大城市里却出现了一种不和谐的音符,而且这种音符像病毒性感冒一样,使人在不知不觉中被感染上,并且迅速蔓延开来。

这个一度充满神秘色彩的国家,如今又被蒙上了另外一种神秘的面纱。

仿佛一夜之间,大街上就出现了数不清的批斗舞台,大红的标语在头顶飘着,一张张的大字报被狂热的人们贴向墙壁,人们疯了似的拥向大街,就连刚刚上学的孩子也兴奋地逃离学校,高举着稚嫩的拳头,大喊着:"造反有理!"

来势凶猛的"流行感冒"使许多年轻的学生病了，因为他们"抵抗能力"是那么差，在没有分清黑白是非的时候，就已经被传染上了，他们纷纷穿上最具革命特色的绿军装，红色的袖标上写上了极具威慑力的名字——红卫兵。

红色的狂潮冲击着所有的人，大街小巷充满着高喊口号、义愤填膺的游行队伍，他们个个怒目而视，似有血海深仇，他们用尽全身力气呼喊着"打倒走资派"的口号。

位于北京的高科技学府——七机部，自然也没有逃脱这种红色浪潮的冲击，它似一只小小的独木舟，在汪洋大海中挣扎着。因为，不知从什么时候，人们开始认为"知识越多越反动"！而且这个理论很快被在校学生们所接受，中国最高的科技学府——七机部能没有麻烦吗？

老专家们仿佛一觉醒来就成了牛鬼蛇神，还揉着睡眼就被冲进家门的红卫兵小将们揪了出去，任凭你怎样讲理，怎样喊冤，这些"义正词严"的小将也不会手下留情！

一时间，大街上到处都是胸挂纸牌、头戴高帽的"走资派"，大小舞台上跪满了曾经是这些红卫兵老师的老人们，他们许多人头发已经花白了，有的还在病中。可是，红卫兵小将们才不管这些呢，他们唾沫飞溅地大喊着，手臂不断地挥舞着，就连台下的群众也举起了手臂。

红卫兵中间形成了一条不成文的规定，谁的功劳大，地位高,谁就是反革命,就会遭到他们的批斗,甚至会被投进"牛棚"。

大家都为钱学森捏着一把汗。

凭钱学森在美国20年的经历,就可以给他定一个"里通外国"的罪名,更何况他是航天界的元老。

可是,钱学森不怕这些,他说荒谬的东西长不了!

他仍然每天继续着他的研究,为了寻得清静的工作环境,他和他的同事们到了中国的大西北,在那里,他们埋头耕耘,准备着再一次的腾飞。

1964年10月16日,中国第一颗原子弹爆炸成功!

许多人不相信,这样高难度的科技,在中国,尤其是正处于"政治泥石流"中的中国,竟然搞成功了!

外国的专家也震惊了,蓝色的、黑色的、灰色的眼睛同时大睁着:"这是真的吗?"

美国政府也从中又一次体会到了什么是后悔莫及,他们中的许多人都在互相抱怨:"为什么当初没把这个旷世奇才留住?"

爆炸了原子弹,这还不是钱学森真正的目标,在他眉宇间,潜藏着更大的秘密——两弹结合。

第一颗原子弹爆炸的余音还在人们心头回响,钱学森就从大西北回到了北京。

金秋的北京,温暖的阳光透过浓郁的法国梧桐,斑斑驳驳地洒向宽阔的大路,刚下过一场雨,空气清新极了。钱学森走在去国防科工委的大道上,他要去作一个重要的报告。

在国防科工委的会议室里,钱学森照例坐在最显著的位子上。钱学森看看坐在对面的聂荣臻元帅和另外几个中央领导,开始了他的报告。

这次钱学森报告的内容是关于"两弹结合"的设想。

"两弹结合"非比寻常,周总理对此非常关心,曾多次询问并亲临现场指导,钱学森也为能向新的高度挑战而绞尽了脑汁。

要搞科研,就离不开实验;要搞实验,就少不了做出牺牲。为了获得最佳效果,钱学森果敢地提出了热实验的方案,并且获得了圆满成功。

1965年5月15日,《新闻公报》上这样写道:

"这是继1964年10月16日爆炸第一颗原子弹后,中国人民在加强国防、保卫祖国安全和世界和平方面的又一重大成就。"

钱学森又一次被毛主席接见,这位70多岁的老人在他的书房兴致勃勃地讲着他的愿望。但是,他哪里知道,正在"两弹结合"首次实验的时候,大漠深处的实验阵地也被无情的"流行感冒"波及了,几千名研究人员中间,也出现了两派势力。

一派主张不发射,一派主张发射,严重的派别斗争控制着临阵待发的导弹。

对于已经准备发射的导弹来说,如果待发不发,后果不堪设想,单单国家为之耗费的财力,就不计其数。

就在大家打派仗难解难分的时候,钱学森说话了,他脸色极其严肃,忧郁的眼神扫过每个人的脸庞,大家不由心头一震。

"决定发射,就这么定了!"

话音斩钉截铁!

人们被钱学森的话语慑服了。

人群渐渐散去,纷纷回到各自的岗位,这场中央领导也没能制止的争斗,被钱学森一句话制止了。

1966 年 10 月 27 日,中国大西北又一次升起了美丽的蘑菇云,从这一天起,中国在世界上确立了核武器大国的地位。

2. 这不是童话

儿时的梦想,一直萦绕着钱学森,飞向太空的愿望,时时提醒着这位为科学献身的老科学家。

早在 1961 年,钱学森就曾提出过"星际航行"这方面的话题,那广袤无垠的星空,宁静神秘的星星,早已使钱学森心驰神往。

还有许多中国的传说,什么嫦娥奔月,孙悟空大闹天宫……

这些从小耳熟能详的故事，无不开启着钱学森的智慧之门。

现在，中国的航天技术已初具规模，他多想在有生之年，在自己的祖国上空点燃一个人造的星座，让它在祖国的上空永远飞翔啊。

他的这一设想，得到了有关部门的支持。

钱学森开始收集这方面的资料，那时的人造卫星还是一个高难科技，许多国家听都没听说过。只有苏联、美国，分别在1957年和1958年发射过两颗人造卫星。

钱学森曾经为了找一份资料，钻进书房里好几天不出门，饿的时候，妻子蒋英把饭拿到他的书房，晚上他也睡在书房。几天中他阅读了大量的书报杂志，终于在一本外文杂志上，找到了他所需的材料。

几天的苦熬，他眼睛深陷，脸色发黄，嘴唇干裂，头发乱如麻草，蒋英一见就眼圈发红，她想埋怨钱学森不爱惜身体，却一句话也说不出来，最终做了一桌丰盛的饭菜，来为钱学森祝贺。

这对夫妇，在日月轮回中已找到了彼此的默契。

一向不甘示弱的中国领导人——毛泽东，在得知美国已造出人造卫星时，他向全世界宣布：我们也要搞人造卫星！

虽然钱学森等一代科学家在"文革"中遭受了许多不公的待遇，也曾反省过，也曾迷惘过，但对毛主席的赤胆忠心不曾有变，他们是那样热爱他、敬仰他。

面对这个神圣而又艰巨的任务，钱学森又开始了他艰辛的征途。

20世纪40年代，尚在美国的钱学森就开始着手这方面的研究，工业发展之快，促使这位有远见卓识的科学家预见到不久的将来，将是通信爆炸的年代，他想到了火箭旅客飞机，他开始研究星际飞行理论。

在1962年出版的《星际航行概论》中，钱学森第一次将航天飞机具体化。

钱学森的思想已经不只属于他个人，而是属于中华民族，他的思想想到哪里，哪里就有可能出现奇迹。由于钱学森的建议，发展我国航天事业，制订我国人造卫星的研制计划已列入了国家发展计划。

钱学森又一次肩负起了重要使命。

20世纪60年代末70年代初正是"举国山河一片红"的时代，全国人民都在游行、写大字报、斗牛鬼蛇神，哪里有人去生产机器零部件？可是没有零件，怎么能制造卫星呢？

这时候，周总理力挽狂澜，为了保护国家财富，为了研制国家主要项目，把所有制造卫星的单位，全部划为部队编制。这样，所有的科技人员都穿上了军装！只要是穿军装的，就是搞革命的。这样，国家建设就可以在这层"绿色保护伞"下顺利进行了。

有一次，一群造反派闯进七机部，扬言要把这座"只管进行资产阶级建设"的部门扫荡干净，并动手乱砸乱摔，这时钱学森刚好走出办公室，造反派跑过去，一把揪住钱学森的衣服，要把他"绳之以法"，并说钱学森是中国的大走资派、大恶魔，还说钱学森造导弹是为了把中国炸掉。

钱学森听着造反派的胡言乱语，内心很气愤，但是，他又可怜这些学生。他轻声说道："孩子，你们不懂。别胡闹了，都回去学习吧，学习才是正道啊。"

谁知这一句话竟惹得造反派们更为气恼，他们声言要把钱学森打倒在地，让他永世不得翻身，并且疯狂地用木棒和石子打砸钱学森。

钱学森，一个年近60岁的老人，被一帮十几岁、二十岁的小伙子推来搡去。血从他鼻腔中流出，从嘴角滴下，钱学森在人缝里仿佛看到了黑夜的无情，寒冬的严酷。他气愤了，这难道就是中国的未来？

这位功绩卓著、气度不凡的老科学家此时无能为力，只能任其摆布，其中一个叫嚣最响的造反派把一顶尖尖的高帽子戴在了钱学森头上，上面写着：走资派钱学森！

正当钱学森被造反派在七机部大院拉着游街之时，中央领导人周恩来来到了七机部，他是来找钱学森商量国家大事的。看到钱学森被造反派批斗，周恩来义愤填膺，他生气地从汽车中走下来,怒斥那些红卫兵,周恩来看到已被折腾得疲惫不堪的钱学森,一句话也说不出来,眼泪缓缓地从他浑浊的眼睛里流了出来。

这就是中国的科学家啊,这个科学家费尽周折,回归故乡,又几度让中国辉煌于世界,难道他的努力竟换来的是今天的下场?

钱学森一见到周总理,不觉老泪横流。

自那以后,周总理更加关心七机部,利用各种方式保护科技人员的人身安全,使这个中国科技的诞生地真正成了"绿色保险箱"。

虽然心中也有冤屈,但是钱学森毕竟是有着一颗火热爱国心的科学巨匠,不管环境多么严酷,他的爱国心是不变的。他经常在自家的院子里捡到有人投过来的石子,外面用纸包着,打开一看,不是"去死吧"就是"终有一天炸弹会炸了你自己"的恶毒文字。

看到这些,钱学森总是微微一笑,扔到一边去,他知道那只不过是个别人的恶毒攻击,大多数中国人还是支持他的,只不过一时被迷惑罢了。

有了周总理的保护,他的家就有了保障,许多研究性的小型会议也从公众场所改成了在他家中进行。

科研人员经过夜以继日的计算,结果出来了,只要火箭发射方位定在正东偏南 70 度，不但可以让全球所有的人看到它，而且还可以沿这个轨道，使火箭工作完成之后坠落在我国的甘肃省和南中国海，这样就不会掉到别的国家去，不会引起国际纠纷。

这所有的一切，都只是纸上谈兵，要想让它变成现实，还得进行实验。

钱学森和他的伙伴们又开始披星戴月地摸索了。实验阵地上，人们都穿着工作服，戴着工作帽，把脸藏得严严的，低着头，弓着腰，眼睛几乎趴到了仪器上。他们实验了几次，都发现火箭经常会出现晃动的现象，这可不是好现象，这样可能会影响第三级点火进入预定轨道的。

看了大家的实验后，钱学森胸有成竹地说："不要紧！"

大家都茫然了，怎么会不要紧呢？该不是钱学森一时糊涂了吧？

实验如期进行。果然，实验结果完全正确，最后钱学森分析道："这完全是在近乎失重的状态下产生的。"

科学家的话不是随便说出口的，必有一定的根据和道理。

这个难题解决了，但更大的难题还在等着钱学森。

上面有关人员确定，在我国第一颗人造卫星上，要播放歌曲《东方红》，还要让全世界人都能听到。

钱学森想，毛主席代表一个时代，也代表新中国，《东方红》

是歌唱毛泽东的,让全世界人民都知道"中国出了个毛泽东",当然是件好事。

可是,难度是显而易见的。

在卫星上播放歌曲,可不像我们在家中收听收音机那么方便,大家想听什么就能听什么。钱学森为了这件事,走路也想,吃饭也想,他既不想让毛主席失望,也不想让周总理担心。

在那个年代,别说是犯罪,就是一句平常的话,让居心不良的人听到,也会给你编出许多"弦外之音"来,更何况这是关于毛主席的事情,万一有什么闪失,可能会有杀头之祸呢。

这么严重的政治问题,钱学森能不考虑得仔细周到吗?

在一次汇报会上,钱学森和同事们纷纷献计献策,经过一番讨论,终于定下了一套可实施的方案,大家才算松了一口气。

大家高高兴兴从会议室里走出来,但尚在会议室的钱学森此时却倍感疲劳,他坚持着没有从讲台上倒下来,勉强坐在靠近自己的座位上,困难地紧闭着双眼……

他的确老了,由于长年积劳成疾,头发已开始脱落,宽大的额头上沁出了细密的汗珠,双眼明显地陷了下去,往日顾盼生辉的双眸,早已变得灰暗,仿佛两颗蒙了灰尘的黑珍珠,这位伟大的爱国者此时深感劳累,他真想躺下来好好睡一觉!

卫星到了最后实验阶段。

可是那些零部件的质量实在太糟糕,总有一些出差错,不是尺码不对,就是形状不行,这使钱学森和他的同志们工作起来很麻烦。可这又有什么办法呢?现在国内形势混乱,谁还有心思好好搞生产?唉,乱世之中,能找一片可以搞科研的净土已实属不易,还挑剔什么呢?

钱学森在心里劝着自己,可是对科学的严谨态度,又使他不能这样随便。把关不严,出现的就不仅仅是普通的问题了。现在国库匮乏,如果这耗资颇巨的火箭在他手上没有达到理想的效果,卫星不能飞上天空,怎有脸面面对祖国,怎有脸面去见毛主席、周总理?

钱学森这样想着,就把一个个不合格的零部件挑出来,他要让这些不合格的零部件统统返工,为了保证万无一失,只得延期发射了。

4月14日,经过人们夜以继日的加班,测试已经结束,火箭可以发射了。

15日,钱学森从西北飞往北京,他要把工作向周总理作汇报。

听完汇报,周总理浓眉紧皱。

周总理生气了,他一向和蔼可亲,可是听了钱学森的工作汇报,他生气了。

如果让带有问题的火箭点火上天,那所受的损失该有多大啊,宁可在地上检查三次,也不能让有毛病的火箭提前点火。

总理批评得对，如果不把所有的问题解决掉，卫星能顺利上天？到那时，我们辛辛苦苦干了那么久的工作，不是全泡汤了吗？

从周总理办公室回来，天已经微亮了。

告别总理，钱学森又登上了飞往西北大漠的飞机。飞机穿梭于蓝天白云之间，钱学森的心也随之变得愈加沉重。

初春的戈壁滩已微微展露出了她的娇颜，尽管是茫茫原野，寂寞冷清，但那嫩绿的小草，淡黄的小花，把这片土地装扮得娇美可人。钱学森走在这美丽的土地上，深深地吸了一口气，他多么想停下来好好享受一下大自然的恩赐啊。那远的山，近的树，高天流云，几乎让他忘记了肩上的责任……

轰隆隆的机器声把钱学森的思维固定到了不远处的发射阵地上，已经是中午时分，强烈的太阳照着大地，工人们还在紧张地测试着，谁也没有注意到有一个人在慢慢向他们走来。

钱学森刚走进阵地，就马上换上工作服，戴上工作帽，和工人们一起开始工作。大家一起用力，终于把一个笨重的机器装上了汽车。干完活，休息的时候，有一个工人才注意到在他身边和他一起干活的，原来是他们的总工程师钱学森。

听说钱学森回来了，大家呼啦一下全围了上来，问这问那，都非常关心中央对这次发射的意见，也很想知道现在国内的形势，毕竟他们有好几个月没有回家了啊。

钱学森一一回答着大家的问题，最后，语重心长地说："总理对我们要求很高，在这个关键时刻，是一点也马虎不得，他老人家希望我们鼓足干劲，争取最后的胜利。"

大漠的夜有一种神秘的感觉，天空有两三颗星星闪烁，小风轻吹，偶尔听见有野兽的嘶鸣，在无边的黑夜里，有一团火在奔突，在跳跃，那是发射阵地工人们火热的心灵。

最后的冲刺全面展开，负责发射的指挥员逐个呼叫着航线上的各个观测站，清脆的应答声在宁静的夜空中回响。

有两颗红色信号弹腾空而起，飞越云层，在天之尽头划了个弧，消失了。

钱学森心头的阴云越积越浓，刚才有报告说，在检查弹体时，又发现了疑点，这样下去，卫星的发射将受到严重干扰。

紧急抢修！

时间刻不容缓，北京的专线一次又一次地询问着这里的情况，毛主席、周总理都在热切地关注着这里的一举一动，不能让全国人民失望！

"工作要准确，不要慌张，不要着急，要沉着，要谨慎！"

天空又升起红白两颗信号弹。

最后一分钟了。

钱学森的心悬了起来。

测试仪上的数字在飞快地变换，各种表格散放在面前的试验台上。但钱学森已无心再看,他的心早已紧紧跟着"东方红1号",准备最后的一搏了。

阵地一片寂静,上千号人屏声敛气,生怕不小心呼出口气会搅乱了待发的火箭。

轰隆!

人们似乎还没做好准备,火箭就挣脱发射台,飞向了天空,烈焰包裹了阵地,橘红色的空气几乎把整个地球燃烧了⋯⋯

"上去了,上去了!"

人们无法表达兴奋的心情,语无伦次地叫着、笑着,欢呼的声音压倒了远去的轰鸣声。

钱学森此时心还没完全放下来,他在等待,等待《东方红》音乐的到来。

晚上9点50分,中央广播事业局来电:"我们已经接收到了《东方红》的歌曲声,声音非常清晰!"

此时的钱学森泪眼模糊,他无法抑制住巨大的喜悦,任凭两行热泪在脸上纵横。

这幸福来得太不容易了。形势的严峻,环境的恶劣,来自各方面的压力,几乎让钱学森要倒下了。是为国为民的爱国心支持着这位不屈不挠的科学家挺住了。黑暗过后是黎明,现在,终于等到了成功的一天。

午夜,钱学森和蒋英静静地躺在床上,身边的收音机飘出悦耳的《东方红》乐曲声,蒋英微闭着眼,神态安详贤淑,嘴角微微翘着,幸福的笑容绽放在她美丽的脸上,乌黑的头发半掩着脸庞,虽然已近半百,这个娴静的女性仍是风姿犹存,旁边的钱学森此时也理了发,刮了脸,更显出学者的风范。

他们静静地倾听着这来自太空的声音,静静地体会着成功的幸福。卫星上天一周后,迎来了 20 世纪 70 年代的第一个国际五一劳动节。

天安门城楼上挤满了人,最中间的是万人崇敬的毛主席,旁边是钱学森。

看着广场上那么多的人,都在抬头望天,钱学森知道,那是群众在寻找那颗会唱歌的星,那是代表中国的卫星啊!看到这些,钱学森笑了。多年的夙愿,终于一朝实现,尽管是身处政治风云如此动荡的年代,也未曾阻挡住他报效祖国的宏愿。

九

他像一棵适逢新春的老树,开始发芽抽枝,他要把他的枝丫伸向祖国的任何地方,他要看到祖国春色满园的时刻。

1.夕阳红

钱学森一生得到的荣誉和奖章,他根本就记不得有多少,他的儿子永刚和女儿永真,曾指着放在储藏室里成堆的奖牌戏谑父亲:

"爸,你都快成获奖专业户了!"

钱学森听到儿女的话,总会眯起他慈祥的双眼:

"这些都是过去的,我不需要。"

他还适时地教育孩子:

"奖杯和奖状只代表一个时期的结束,并不代表现在或者未来。"

这位世界著名的科学家从来没因过多的光环而稍有停步，他光润的额头总是闪着饱满的亮光，虽然已近古稀之年，但他书房的灯依旧会亮到深夜，从不懈怠。

钱学森一生酷爱读书看报，每天早晨一起床，他总会习惯地坐在窗前的藤椅上，手边放一杯沏好的热茶，兴味十足地把当天的早报浏览一遍，把各条对他来说比较重要的新闻看一看。晚上呢，则躲在他自己的书房中看那些有学术价值的报道或论文。

他家里每年订的报纸杂志多得可以开一个小报亭了，钱学森总是说：

"物质生活要适可而止，而精神生活千万不能适可而止啊。"

走进他的书房，不管是什么人，都会被四壁的书柜所吸引，满满的书把房间变成了圆形，这里除了窗户，再没有一处空闲地方了。

阅读成千上万册的书籍占据了钱学森大量的宝贵时间，他除了白天上班之外，其余时间，全部花费在阅读刊物、书籍上。

钱学森又在向另一个新的科学挑战，他叫它——系统工程。

20 世纪 60 年代的时候，钱学森就开始注意这种技术了，那时候，在他离开的美国，这种技术已经开始运用。他们把它运用在北极星导弹核潜艇的研制上面，使生产周期缩短了将近三分之一。

美国人称这种技术叫"计划协调技术"。

可惜当时中国的社会环境太恶劣,轰轰烈烈的"文化大革命"运动,使他几乎没办法安安静静地坐下来搞学问。

终于,到了1978年,科学的春天再一次光临祖国大地。那一年,钱学森又一次向科学的高峰发起了挑战。

他每天已不是8小时工作制了,他的一生也从来没有遵守过这个规定。他每晚工作到深夜,而每天早上,天还没有亮,他就又翻开了书页。

与此同时,他还要参加各种补习班的授课工作,其中一两个补习班离他的住所比较远,骑自行车要半个多小时。钱学森本来可以让公车接送,但由于当时社会条件比较复杂,公车又太少,他总是把车让给别人,自己就骑着那辆很旧的"飞鸽"牌自行车,穿梭于北京的大街小巷。

早上,他以最快的速度起床、洗漱、吃饭,然后就推着他那辆小飞鸽急急忙忙往外赶,有时候,遇上交通堵塞,他会吃力地在人群里挤来挤去,等到了教室里,早已是一头一脸的汗了。

钱学森没有休息一下,擦一把汗,就开始了他的讲课。

他的这种生活有两年多,在他的培养教育下,出现了许多品学兼优的学生,这些学生后来就担任起了教学的任务。

钱学森投入地研究他的系统工程,并写下了大量的论文。

他办公室的墙上,挂着一张色彩鲜艳的"苹果树"。钱学森经常认真地在"苹果树"上描呀、写呀，原来只有几个枝丫的苹果树，被他画得越来越大。

那是钱学森用于研究的"联系图"，他按技术和组织上的各种次序和逻辑分别标在这棵苹果树上，再运用数学方法进行分析、预测，这样，要想知道的东西就会很清晰地在苹果树上呈现出来了。

钱学森的苹果树，不久就引起了研究所里工作人员的注意，他们纷纷拥向钱学森的办公室，争先恐后地看这棵神奇的苹果树，他们评论着、提问着，钱学森笑微微地站在旁边，看着他的学生们，心里有说不出的快慰。

终于，在20世纪70年代中后期，他的工程完成了。

在部队，钱学森给年轻的战士讲，讲他们的军队系统管理学。战士们笔直地坐着，一行行，一排排，眼睛睁得那么大，耳朵好像都要竖起来了。看着战士们个个威风凛凛，那么专注地听他的课，他的心里乐开了花。

从部队出来，他又进了工厂，又从工厂到农村，从农村到学校，在他的大力帮助下，许多学校开设了系统工程专业，培养出了一批高质量、高水平的管理干部。

钱学森想用他的系统工程来帮助农民们发家致富。

他先是作工作报告，到处宣传，说他的这种计划是第六次革命。

人们不懂,不懂没关系,他干脆走进了山区。

在农家小院里,钱学森一边帮老百姓讲科学技术,一边向他们打听身边的困难。山区的农民,每家都穷得很,住的是用木头和草搭的小屋,屋里的家具,哪里是家具呀,只不过是几块木头拼钉到一起的桌子或床,钱学森看到农民这样穷,更增强了决心。

看到满山的奇石怪草,他想到了种草植树;看到山下的水塘,他想到了养鱼和虾;看到废弃的木头,他想到了种蘑菇。他满脑子的好主意。

他把他的想法讲给老百姓听,老百姓都高兴坏了,这些主意怎么以前就没想到呢?

在钱学森的带领下,每个家庭都做了一把又大又奇怪的伞,放在每一家的房顶上,人们用它做饭、烧水,方便极了,钱学森叫它太阳灶。有了太阳灶,人们再也不用在山上砍柴了,所有的梗秸、草、树叶全都加工成饲料,拿去喂马、喂驴,这些牲畜的粪又可以去养蚯蚓,蚯蚓再拿去养鱼⋯⋯这样一环套一环,形成了完美高效的生态环境。

钱学森对自己的设计比较满意,他骄傲地说:"这样的农业前景,不是彻底地解决了环境污染的问题了吗?"

1984 年,他提出了沙漠产业的概念。他又一次运用自己的系统工程技术,提出了利用沙漠的观点。

"事情总是要有个开头嘛。"

他仍然笑微微地说，言语中透着自信。

他总是那样谦虚地笑着，这种笑，注定要伴随他的一生。

2. 真正的幸福

1982 年，全国优秀科技图书颁奖大会在北京召开，人们都在翘首以待。因为，在这个奖中，有钱学森的著作《工程控制论》。

许多人都想看看这位世界名人，他们激动地等待着。

可是，等读到钱学森的名字时，却迟迟不见钱老的身影！

为什么他没有出席？

许多人带着疑问失望而归。

此时，钱学森正坐在家中的书房里，安静地在看一本关于培养孩子学习能力的书，他被书中有趣的故事迷住了，他正在研究孩子的教育问题。

当后来有人问他为什么不去领奖时，钱老平静地这样回答：

"那本书是宋健同志重新编写的，荣誉应该给他，如果一定要署上我的名字，也只能是'原著:钱学森'。"

谦虚的钱学森，直到老年也是这样，每次参加集会，他朴素的中山装上除了一枚标着他名字的胸卡外，什么也没有。而他的学生们，却个个戴满了勋章。

1989 年，国际技术与技术交流大会授予他小罗克韦尔奖章和"世界级科学与工程名人"称号。

在一次座谈中，有一个人曾问钱学森：

"请问尊敬的钱老，您得到这个国际大奖是否很激动?"

没想到钱学森竟说出了下面的话："不，我不是特别激动。"接着，他又说：

"我的一生中，真正令我激动的事有三个，第一次是在 1955 年，我被允许回国，当我向我的老师冯·卡门告别时，把手里拿着的两本东西送到老师手里，他翻了翻，很有感慨地跟我说，'你现在在学术上已经超过了我'。这时我的老师已经 74 岁了，我一听这句话，激动极了。心想，我这 20 年的奋斗目标终于实现了，我钱学森在学术上超过了这么一位世界闻名的大师，为中国人争了气！这是我第一次激动。

"第二次是 1959 年，我加入中国共产党，那天我激动极了，我简直睡不着觉。

"第三次是 1991 年，中共中央组织部把雷锋、焦裕禄、王进喜、史来贺和钱学森这五个人作为新中国成立 40 年来在群众中享有崇高威望的共产党员的优秀代表，我是劳动人民的一分子，而且与劳动人民中最先进的分子连在一起，我非常激动。

"我只是沧海一粟，一切功劳属于人民，一切荣誉归于祖国。"

一位外国记者也提问：

"请问您如何看待留学生居留国外这一问题？"

听到这个问题，钱学森笑了：

"你说的是人才外流现象，这个不用怕，现在我们国家还穷，条件不如发达国家，他们回来也发挥不了作用，等将来我们发达了，他们会回来的，我相信！因为他们就是钱学森嘛，钱学森是会回来的嘛！"

这位为祖国奉献了一生的老科学家，即使是在晚年，也依然如同夕阳中最灿烂的那缕晚霞，散发着独具魅力的光和热。虽然岁月的沧桑留在了他宽宽的额头上，但那红红的脸，温和的笑，依然会使人想到他当年的风采。

太阳出来了，新一天就要开始了，我们可敬可爱的主人公——钱学森，又开始了他一天的工作。

"中国航天事业的成就是全国人民支持，四万人辛勤劳动，党和国家领导的结果，我个人不过是适逢其会，做了一点点的事，自己想来也很内疚，因为做得太少了。"

看，我们的钱老是多么的谦虚，他一生都虚怀若谷，不断向更高更远的目标迈进，直至心脏停止跳动。

2009 年 10 月 31 日，中国人民的伟大儿子钱学森走完了人生之路，但他的科学事业并未完结，更多的年轻学子接过他手中的接力棒,在他的精神感召下,不断攀登科学高峰,使我们的祖国更加繁荣富强。

让我们永远记住这个名字——钱学森。